D1875514

Führen mit dem inneren Schweinehund

Marco von Münchhausen ist promovierter Jurist, Trainer, Berater und Autor mehrerer Bestseller. Mit den psychologischen Hindernissen auf dem Weg zu privatem und beruflichem Erfolg beschäftigt er sich seit vielen Jahren; in seinen Vorträgen und Auftritten hat er bereits mehr als 500 000 Menschen zeigen können, wie sie ihren inneren Schweinehund zum besten Freund machen.

Cay von Fournier ist promovierter Arzt und Wirtschaftswissenschaftler und leidenschaftlicher Unternehmer. Er leitet das renommierte SchmidtColleg (www.schmidtcolleg.de) und vermittelt als Referent und Trainer seit Jahren die Prinzipien wirksamer Unternehmens- und Mitarbeiterführung, dazu hat er bereits mehrere erfolgreiche Bücher veröffentlicht.

Marco von Münchhausen
Cay von Fournier

Führen mit dem inneren Schweinehund

mit Illustrationen von Gisela Aulfes

Campus Verlag
Frankfurt/New York

Bibliografische Information der Deutschen Nationalbibliothek:
Die Deutsche Nationalbibliothek verzeichnet diese Publikation in der Deutschen Nationalbibliografie. Detaillierte bibliografische Daten sind im Internet unter http://dnb.d-nb.de abrufbar.
ISBN 978-3-593-38295-1

Das Werk einschließlich aller seiner Teile ist urheberrechtlich geschützt. Jede Verwertung ist ohne Zustimmung des Verlags unzulässig. Das gilt insbesondere für Vervielfältigungen, Übersetzungen, Mikroverfilmungen und die Einspeicherung und Verarbeitung in elektronischen Systemen.
Copyright © 2007 Campus Verlag GmbH, Frankfurt/Main
Umschlaggestaltung: R. M. E, Roland Eschlbeck und Rosemarie Kreuzer, München
Umschlagmotiv: Gisela Aulfes, München
Satz: Leingärtner, Nabburg
Druck und Bindung: Druck Partner Rübelmann, Hemsbach
Gedruckt auf säurefreiem und chlorfrei gebleichtem Papier.
Printed in Germany

Besuchen Sie uns im Internet: www.campus.de

Inhalt

Einführung

Zum großen »Der Boss bin ich«-Festival haben sich in diesem Jahr so viele Schweinehunde angemeldet wie nie zuvor. Zehntausende der treuen Doppelwesen tummeln sich auf dem weitläufigen Open-Air-Gelände. Sie tauschen die neuesten Bossing-Methoden aus und berichten ihren Kollegen brühwarm von ihren jüngsten Erfolgen: Wie sie Aufsichtsräte und Vorstandsvorsitzende dazu brachten, miese Nieten in Nadelstreifen zu mimen; wie sie Finanz-, Personal- und Entwicklungschefs brüllen ließen; wie sie Leiter von Abteilungen, Projekten und Teams den Kopf in den Sand stecken ließen und wie sie die unzähligen Menschen, auf deren Visitenkarte das Wörtchen »Manager« prangt, zu egozentrischen Alleingängen verführten.

Nun richten sich alle Augen auf die Hauptbühne: Die atemberaubende Präsenz der fünf gefürchtetsten Schweinehund-Bosse lässt die Menge verstummen. »Wir haben im letzten Quartal die beiden Führungsebenen unter uns komplett rasiert – da muckt keiner mehr auf«, donnert der erste Schweinehund, ständiger Begleiter des Chefs einer Großbank, der als brillanter Analytiker gilt, aber auch als eiskalter Macher. »Gibt es überhaupt Manager ›unter uns‹?«, höhnt sein feister Nachbar. Sein Herrchen überrascht die Firma regelmäßig durch An- und Verkäufe von Unternehmensteilen, von denen zuvor niemand wusste. »Ihr miesen Manager!«, feixt das dritte Borstentier auf der Bühne. Er steht dem Abteilungsleiter einer Elektrofirma zur Seite, der zwar über kein großes Budget, aber über enormes Showtalent verfügt. »Mir wäre es viel zu langweilig, immer nur den bösen Boss zu geben. Ich prügle heute mit der Peitsche, verteile morgen Zuckerbrot und übermorgen Hiebe. Ein wundervolles Machtspiel!« Der vierte Schweinehund auf der Bühne wirkt geradezu vornehm zwischen seinen struppigen Kollegen. »Wir gehen leiser vor«, unterstreicht er und grinst: »Wir prüfen jede Entscheidung so häufig und kontrollieren jeden Mitarbeiter so genau, dass wir alles blockieren!«

Die Meute auf dem Festivalgelände klopft sich lachend die Schenkel. Da erhebt sich der größte und mächtigste Schweinehund. Er gilt als Boss der Boss-Schweinehunde: Mit seiner Hilfe wickelt sein Herrchen jeden Mitarbeiter, jeden Manager, den Aufsichtsrat und die Öffentlichkeit um den kleinen Finger. »Ihr glaubt, ihr seid die Elite unter den Schweinehunden, nicht wahr?«, fragt er die Menge. »Ihr denkt, euer Herrchen hat es weit gebracht und kann sich jetzt alles erlauben?« Die Schweinehunde im Publikum nicken zunächst zustimmend, schauen sich dann aber skeptisch an. Wozu diese Fragen? »Habt ihr euch einmal überlegt, dass ihr euren Herrchen das Wasser abgrabt, wenn ihr wichtige Leistungsträger vergrault? Wisst ihr, wie viel eine schlechte Führungskraft jedes Jahr kostet? Ist euch bewusst, dass ihr und euer Unternehmen sehr viel erfolgreicher seid, wenn ihr fair und vernünftig führt?«

Ein Raunen geht durch die Menge. Hier und da geben mutige Schweinehunde grun-

zend ihren Missmut zu erkennen. Der beste Boss-Schweinehund aller Zeiten steigt aus?

»Ich weiß, wovon ich spreche«, beharrt der große Boss. »Ich habe meinen Menschen testweise in Ruhe arbeiten lassen. Der Effekt war erstaunlich: Plötzlich dachten die Mitarbeiter mit, sie arbeiteten kreativer, lösten Probleme schneller, waren produktiver und erwirtschafteten mehr Umsatz. Mein Herrchen musste nicht mehr so viel Zeit investieren, andere vom Sägen an seinem Chefsessel abzuhalten, hatte mehr Spaß bei der Arbeit und konnte sich beim Zähneputzen wieder im Spiegel betrachten. Erst gestern wurde er befördert! Zur Belohnung gönnen wir uns jetzt einen Trip in die Karibik.«

Das klang in den Schweinsohren der Anwesenden gar nicht schlecht. Doch sollten sie tatsächlich nie wieder Mitarbeiter bloßstellen, nie wieder brüllen und niemanden mehr schikanieren? Wie sollten sie die Kontrolle behalten, wie die Macht? »Keine Sorge. Eure Herrchen werden als Chefs mehr akzeptiert als zuvor und müssen sich dafür sogar weniger anstrengen«, beschwichtigt der Oberschweinehund. »Weniger anstrengen!«, sekundiert die

Meute und wird hellhörig. Wie hat der große Boss es bloß geschafft, fair zu führen, ohne selbst unter die Räder zu kommen? Auf Angst und Schrecken zu verzichten, ohne dass man ihm auf der Nase herumtanzt? Das wollen sie jetzt genauer wissen.

In diesem Buch möchten wir Ihnen die wichtigsten Erkenntnisse des geläuterten Führungsschweinehundes vorstellen. Davon profitieren Sie dreifach: Sie erfahren, wo sich im Führungsalltag Schweinehunde tummeln können (Teil I), mit welchen Tricks und Tücken sie Ihre Führung sabotieren (Teil II), und schließlich, mit welchen Strategien Sie die Schweinehunde bändigen können (Teil III).

Frisch ausgerüstet mit den neuen Erkenntnissen und Strategien aus diesem Buch wird es Ihnen gelingen, die Chef-Saboteure in Ihrem Unternehmen zu zähmen. Mehr noch: Sie werden die kleinen Unholde in motivierte Führungskräfte verwandeln, die nicht mehr nur Planung und Profit im Kopf haben, sondern ihre Mitarbeiter als Menschen und das Unternehmen als Ganzes wahrnehmen. Nach der Begegnung mit den unterschiedlichsten

Chef-Typen werden Sie auch Ihren eigenen borstigen Begleiter so gut kennen und schätzen gelernt haben, dass Sie ihn vielleicht als persönlichen Assistenten einstellen.

Hier spricht der Schweinehund

Darf ich mich vorstellen? Ich bin Ihr innerer Schweinehund. Ich bin es, der Sie regelmäßig dazu verführt, Ihre Mitarbeiter einzuschüchtern, Machtspielchen mit Ihren Kollegen zu treiben, und Ihr Privatleben zu vernachlässigen. Warum ich das tue? Ich will, dass Sie Spaß haben, dass Sie richtig viel Geld verdienen und dass man Ihnen eine Menge Respekt entgegenbringt. Ich meine es gut mit Ihnen! Deshalb verstehe ich nicht, warum Sie mich immer wieder verscheuchen oder sogar »überwinden« wollen. Sie wissen doch aus Erfahrung, dass Sie keine Chance gegen mich haben. Je härter Sie gegen mich vorgehen, desto schneller kassiere ich jeden Ihrer guten Vorsätze.

Also: Machen Sie sich das Leben leichter. Akzeptieren Sie mich als Ihren persönlichen

Coach! Ich habe ja gar nichts gegen Ethik oder Moral, Fairness und Vernunft in der Führung. Wenn Sie mir beweisen, dass das die Arbeit nicht komplizierter macht, Sie persönlich nicht zu kurz kommen und Sie damit sogar erfolgreicher sind, dann ziehe ich gerne mit Ihnen an einem Strang.

Teil I
Der Schweinehund in der Führung

Der Schreinermeister kommandiert seine Truppe wie ein preußischer General. Die Filialleiterin tritt heute auf wie eine treusorgende Mutter und morgen wie die Leiterin eines Heims für schwer erziehbare Kinder. Der Marketingboss pfeift seine Mitarbeiter zur Präsentation wie ein Oberlehrer seine Schüler an die Tafel. Die Geschäftsführerin inszeniert Wutanfälle. Der Controllingchef sieht vor lauter Kosten die Menschen nicht mehr. Und der Oberarzt schikaniert seine Krankenschwestern. Die Zahl der wirklich fähigen, fairen und vernünftigen Führungskräfte ist nicht gerade überwältigend groß – und die Zahl der feisten Führungsschweinehunde erschreckend hoch. Warum? In Vorstandsetagen und Chefzimmern geht es ihnen hervorragend: Hier

finden sie besonders viele gute Vorsätze und meterweise ungelesene Führungsliteratur zu fressen.

Viel Management – und wenig Führung

Es wird zu viel gemanagt und zu wenig geführt – und oft wird zu schlecht gemanagt und nicht gut genug geführt. Tatsächlich ist die Führung eines Unternehmens ein komplexes Handwerk. Und noch mehr Geschick verlangt die Führung von Menschen: Diese ist eine Kunst, die entscheidend zum Erfolg des Unternehmens beiträgt.

Beides geht täglich schief. Statt intelligent zu managen, agieren die Bosse kurzsichtig, sie verkomplizieren statt zu vereinfachen, sie demotivieren ihre Mitarbeiter. Nicht absichtlich, sondern weil der Führungsschweinehund in der Hektik und Komplexität des Tagesgeschäfts so viele Chancen erhält, gute Führungsvorsätze zu kassieren.

Veraltete Führungsstile

Manch ein Manager rühmt sich seines »patriarchalischen«, »autokratischen« oder gar »charismatischen« Führungsstils. Darüber hat er in einem seiner Bücher über Führung gelesen, und sein innerer Schweinehund befand: »Tolle Rolle, wunderbares Theater! So machen wir das!« Andere finden ihr Naturell im »bürokratischen«, »kooperativen« oder – das klingt so schön modern – »partizipativen« Führungsmodell wieder. Letztendlich scheitern alle. Denn die Mitarbeiter, die Menschen, die sie führen sollen, sind zu unterschiedlich und die Situationen zu spezifisch, als dass einfache Rollenmodelle greifen könnten.

Außerdem liefert jeder der propagierten Führungsstile dem inneren Schweinehund einen Freibrief für unangemessene Verhaltensweisen: So verführt der kleine Saboteur einen väterlich-gutmütigen Patriarchen dazu, seine unbeherrschbar-grausame Schattenseite hervorzukehren. Den mitreißenden Charismatiker verwandelt er in einen eitlen Fatzke, der lieber Theater spielt als ordentlich seine Aufgaben zu erledigen. Und den Chef, dem

Partizipation ach so wichtig ist, verlockt er zu nachlässigem Laisser-faire.

Die Medizin macht es uns vor: Sie verabschiedet sich immer mehr von der reinen Schulmedizin, die den Körper als Ansammlung von Einzelteilen wahrnimmt und akribisch vermisst. Immer mehr Ärzte versuchen, den Menschen als Ganzes zu sehen: als Körper und Psyche, als Leib und Seele. Verabschieden wir uns also von einem Management, das nur Zahlen in den Blick nimmt und darüber den Menschen vergisst. Wenn wir die Herausforderungen des 21. Jahrhunderts meistern wollen, müssen wir auch Führung ganzheitlich gestalten.

Fies und erfolgreich

Ein Forscher der Universität Stanford zeigte in einer Studie, wie Chefs durch den gezielten Einsatz von gehässigen Blicken, Demütigungen und Mobbing ihre Machtposition erreichen, ausbauen und gegen Rivalen verteidigen. Im Grunde geht es dabei nicht anders zu als unter Pavianen, die sich um die Herrschaft streiten – und wegen der bekannten Verwandt-

schaftsverhältnisse funktioniert die Masche auch heute noch.

Zwar ist bekannt, dass Mitarbeiter in einem angstfreien Umfeld effektiver lernen und arbeiten, doch funktioniert leider auch Angst als Ansporn zu Höchstleistungen: Menschen arbeiten eben nicht nur, um Anerkennung zu bekommen, sondern auch, um Bestrafung oder Bloßstellung zu vermeiden. Dieser Zusammenhang wird in der Verhaltenspsychologie als »negative Verstärkung« bezeichnet.

Schreien, Zähne fletschen, böse gucken, sich auf die Brust trommeln: Der Führungsstil der Oberaffen ist so alt und so unmittelbar wirksam, dass wir uns sehr leicht dazu verführen lassen, es ihnen gleichzutun. Dass wir dafür in einer sich schnell ändernden Welt einen ziemlich hohen Preis zahlen, wissen wir eigentlich – doch der Schweinehund schiebt diese Einsicht aus unserem Blickfeld.

Was schlechte Führung kostet

Alle Jahre wieder veröffentlicht das Marktforschungsunternehmen Gallup einen »Engagement Index«, und wie jedes Jahr sind die Er-

gebnisse alarmierend – und die Bekanntgabe offenbar ohne Wirkung. 2006 verspürten 87 Prozent der Arbeitnehmer in Deutschland keinerlei »echte Verpflichtung« gegenüber ihren Arbeitgebern, so die Umfrage unter 1 800 abhängig Beschäftigten über 18 Jahren. Davon machen 68 Prozent Dienst nach Vorschrift, ein Fünftel hat die innere Kündigung bereits vollzogen. Ähnlich wie in den Vorjahren klagten die Befragten wieder über mangelnde Anerkennung und Aufmerksamkeit seitens der Vorgesetzten, über nicht ausreichende Förderung und darüber, dass ihre Meinung kein Gewicht habe. Den gesamtwirtschaftlichen Schaden, hervorgerufen durch krankheitsbedingte Ausfälle, geringere Produktivität und viele Stellenwechsel, schätzt Gallup auf über 250 Milliarden Euro jährlich. Und im konjunkturellen Aufschwung verabschieden sich in der Regel die guten Mitarbeiter zuerst – denn sie haben überall Chancen.

Nun mag Ihr innerer Schweinehund einwenden, dass es sich beim Ergebnis der Engagement-Studie in etwa um eine Gauß'sche Normalverteilung handelt, und dass Mitarbeiter sich durchaus vernünftig verhalten, wenn

sie in einer Zeit zunehmender Entlassungen ihren Job nicht mehr als allein seligmachenden Lebensinhalt auffassen. Schauen wir uns deshalb an, was gezielt schlechtes Führungsverhalten kostet: Sehr schön lässt sich das am Beispiel Mobbing nachvollziehen. Schätzungen zufolge gehen 50 bis 80 Prozent der Mobbing-Attacken von Vorgesetzen aus – für diesen Sonderfall wurde sogar das schöne Wort »Bossing« erfunden.

Eine Metaanalyse von mehreren Mobbing-Studien aus Großbritannien zeigt eine durchschnittliche Mobbingquote von 15 Prozent. Rund ein Viertel der Mobbingopfer geben ihren Job auf – dazu kommen die Kündigungen von 20 Prozent der Augen- und Ohrenzeugen, also derjenigen, die die Attacken auf ihre Kollegen unmittelbar miterlebt haben und in Reaktion darauf ihre Kündigung einreichen. Was kostet das? Bei einem Unternehmen mit 1 000 Mitarbeitern, in dem eine Stellenneubesetzung mit rund 20 000 Euro zu Buche schlägt, ergeben sich jährliche Gesamtkosten in Höhe von 750 000 Euro allein für die Beschaffung von Ersatzkandidaten für die Hinausgemobbten. Wenn jedes Mobbingop-

fer zwei Zeugen hätte, wovon wiederum 20 Prozent ihren Job wechselten, kämen noch einmal 1,2 Millionen Euro dazu. Damit wären wir bei fast 2 Millionen Euro Schaden. Solche Zahlen tauchen freilich in keiner Statistik auf. Und dabei sind noch nicht einmal die Kosten der geringeren Produktivität einkalkuliert, die zwangsläufig entstehen, wenn die Gemobbten unter Konzentrationsproblemen, Reizbarkeit, Schlafstörungen, Selbstwertproblemen, Depressionen oder Angstzuständen leiden.

»England ist weit weg«, wendet Ihr innerer Schweinehund ein? Dann schauen wir mal nach Deutschland: Die Folgen der Angst kosten deutsche Unternehmen im Jahr rund 100 Millionen Euro – doppelt so viel wie vor neun Jahren. Das hat Winfried Panse errechnet, Professor für Wirtschaftswissenschaften an der Fachhochschule Köln. »Angstgesteuerte Mitarbeiter bringen mindestens 20 Prozent weniger Leistung, sind häufiger demotiviert, greifen öfter zu Alkohol oder Aufputschmitteln, auch mobben sie häufiger Kollegen oder werden häufiger gemobbt«, so der Wirtschaftsforscher in einem Interview mit der Online-Plattform des *Stern*. Betroffenen Arbeitnehmern empfiehlt er, »die Loyalität zum Unternehmen fallen zu lassen und sich auf ihre persönliche Leistung zu konzentrieren – denn die können sie mitnehmen, in ein anderes Unternehmen oder in die Selbstständigkeit.«

In Deutschland scheint seine Botschaft längst angekommen zu sein – das zeigt eine aktuelle Umfrage des Stellenportals Monster unter rund 25 000 europäischen Arbeitnehmern. Nur für 7 Prozent der Deutschen hat die Loyalität zum eigenen Chef eine höhere Priorität als eigene Karriereziele oder der Zusammenhalt im Team – das ist der niedrigste Wert in ganz Europa.

Die Ergebnisse insgesamt:

Das Stellenportal Monster fragte rund 25 000 europäische Arbeitnehmer: »Wem gegenüber sind Sie bei der Arbeit am loyalsten?«

Mir selbst	33 Prozent	(8 056)
Meinem Team	32 Prozent	(8 043)
Meinem Unternehmen	19 Prozent	(4 729)
Meinem Chef	10 Prozent	(2 560)
Niemandem	6 Prozent	(1 544)

Exitus der CEOs

Verlassen wir den Bereich der weichen Faktoren (die heute gerne »Soft Skills« genannt werden), und widmen wir uns den harten Fakten: Die Manager scheinen immer schlechter zu werden. Laut einer Studie der Unternehmensberatung Booz Allen Hamilton mussten 2005 so viele CEOs wie nie zuvor ihren Hut nehmen: Fast jeder siebte CEO der 2500 weltweit größten börsennotierten Unternehmen verließ seinen Posten. Seit 1995 stieg die Quote damit um 70 Prozent. In Europa sank die Zahl der Wechsel gegenüber dem Vorjahr zwar leicht, erreichte jedoch immer noch den zweithöchsten Wert seit 1995. Interessant: Zwischen 1995 und 2005 vervierfachte sich die Zahl derjenigen Manager, die wegen zu schlechter Leistung gefeuert wurden! Die Deutung, dass Manager immer schlechter werden, liegt nahe, trifft aber nicht ganz. Tatsächlich steigt der Druck auf die CEOs: Die Aufsichtsräte haben heute einfach weniger Skrupel, einen schlechten Performer vor die Tür zu setzen; der Posten ist nicht mehr so sakrosankt wie noch vor einem Jahrzehnt. Und die hohen Kosten für Head-

hunter und neue Köpfe werden in Kauf genommen.

Komplexe Rahmenbedingungen

Es ist leicht, über »Nieten in Nadelstreifen« zu schimpfen (oder über »Schweinehunde in Nadelstreifen«). Andererseits: Unternehmen gehen heute nicht sehr pfleglich mit ihren Managern um. Heute werden sie eingekauft, morgen wieder vor die Tür gesetzt. Da ist es nicht erstaunlich, wenn Führungskräfte vor allem auf die eigene Karriere schauen und weniger auf das Wohl der Firma. Ihr Erfolg wird an Kennzahlen gemessen, wobei der »Wohlfühlfaktor« der Belegschaft keine Rolle spielt. Warum also sollten sie sich um vorbildliche Führung bemühen? Schauen wir uns die Rahmenbedingungen der Führung nun näher an.

Schnelle Wechsel sind normal

Laut Booz Allen Hamilton wurden im Jahr 2005 so viele CEOs aufgrund von Unternehmenskäufen oder -zusammenschlüssen gefeu-

ert wie seit dem Jahr 2000 nicht mehr. Dies, zusammen mit der Zahl der geschassten »Underperformer«, führt zu einer neuen »Normalbiografie« der Top-Manager. 1995 waren noch zwei Drittel aller CEOs, die ihre Sachen packten, 62 Jahre alt oder älter. Heute erreichen nur noch 40 Prozent der CEOs das typische Rentenalter in ein und derselben Firma. Der größere Teil wechselt auf einen ähnlichen Posten bei einem Wettbewerber, manche gehen in die Selbstständigkeit, in die Politik, oder ziehen sich als Privatier zurück.

Vor allem bei börsennotierten Unternehmen schauen alle Augen auf die Zahlen – und nicht auf die Loyalität oder den vorzüglichen Charakter einer Führungskraft. Wer frisch auf einen CEO-Posten gewählt wurde, wird sich also für Strategien entscheiden, die schnell gute Ergebnisse bringen, die seine Macht – wenigstens für kurze Zeit – einigermaßen sichern und ihm die Tür für den nächsten Karriereschritt öffnen. Er wird sich also auf das Management konzentrieren und nur da auf Menschenführung, wo es seinem Machterhalt unmittelbar dient.

Führen mit Stärken und Werten

Menschen arbeiten motivierter, wenn sie ihre Stärken im Job ausleben können. Sie sind mit mehr Begeisterung bei der Sache, wenn Vorgesetzte und Kollegen ihnen echte Wertschätzung entgegenbringen. Beides ist durch Studien hinlänglich bewiesen – und doch lässt sich eine Führung, die sich an Stärken und Werten orientiert, in der Praxis offenbar schwer umsetzen.

Gute Führung fördert Stärken

Viele Führungsschweinehunde haben ihre tierische Freude daran, Mitarbeiter zu erwischen, wenn sie etwas falsch machen. Sie trumpfen geradezu auf, fühlen sich stark und mächtig. (»Habe ich Ihnen das nicht schon hundert Mal gesagt?«, »So etwas darf nicht passieren, und in meiner Abteilung erst recht nicht!«, »Wenn das noch einmal vorkommt, müssen Sie mit ernsten Konsequenzen rechnen!«). Wer scharf kontrolliert, findet viele Fehler und viele Gelegenheiten, die »Täter« zur Rede zu stellen. Führung funktioniert so ganz einfach: Der Chef verbreitet Angst und

Schrecken, macht so seine Mitarbeiter schwach und gefügig.

Die Ergebnisse seiner Abteilung mögen trotz dieses anachronistischen Führungsstils ganz gut aussehen. Dennoch können Sie sicher sein, dass eine solche Führungskraft viel Potenzial vergeudet – und dass es um die psychische und physische Gesundheit seiner Mitarbeiter nicht gut bestellt ist.

Über den eigenen Schatten springen

Es ist viel schwieriger, sich auf die Stärken der Mitarbeiter zu konzentrieren. Es bedeutet erstens, diese Stärken überhaupt zu *erkennen*, und, zweitens, sie als Stärken *anzuerkennen*. Beides haben wir zumeist nicht gelernt: In jeder Bildungsinstitution, die wir im Laufe unseres Lebens besucht haben, wurde mit Fingern auf unsere Schwächen gezeigt. Vielleicht wurden wir in Nachhilfekurse gesteckt, die unsere Defizite ausgleichen sollten – aber besuchten wir je einen Förderkurs in einem Fach, in dem wir ohnehin sehr gut abschnitten? Was haben wir häufiger erfahren: Leistungsdruck oder echte Wertschätzung?

Es ist schwierig, etwas zu geben, das man selbst niemals bekommen hat. Viel einfacher ist es, den am eigenen Leib erfahrenen Druck einfach weiterzugeben. Oder, um es schweinehündisch zu formulieren: Je mehr ein Mensch im Kindesalter für seine Schwächen gescholten und unter Druck gesetzt worden ist, desto besser gedeiht neben ihm ein besonders großer und rachsüchtiger Schweinehund, der nur darauf wartet, dass sein Mensch endlich einen Chefsessel erklimmt.

Stärken sehen und stärken

Zum Glück existieren heute zahlreiche Methoden, mit denen sich die Stärken der Mitarbeiter – und auch die eigenen! – recht genau messen lassen. Dazu zählt zum Beispiel das *Herman Dominanz Instrument* (H. D. I.), das die Präferenzen des Denkens darstellt, das Stärkenprofil von *Gallup* oder die *Insight*-Methode des *Scheelen*-Instituts.

Wenn es Ihnen gelingt, die Stärken Ihrer Mitarbeiter zu erkennen und sie so einzusetzen, dass sie diese Stärken ausleben können, profitieren Sie von folgenden Vorteilen:

- Ihre Mitarbeiter sind von sich aus motivierter,
- sie sind erfolgreicher,
- haben mehr Freude bei der Arbeit,
- arbeiten besser im Team zusammen und
- bringen mehr Verständnis dafür auf, dass jeder anders ist.

Über Stärken und Schwächen sprechen

Es ist ganz leicht, Beurteilungsbögen auszufüllen – am einfachsten geht das mit klar definierten Schulnoten. Ein solcher Bogen kommt bei vielen Mitarbeitern gut an, denn auch Mitarbeiter wollen wissen, wo sie stehen. Eine

kostenlose ausführliche Anleitung für Mitarbeitergespräche finden Sie zum Download unter www.schmidtcolleg.de (Multimedia – Downloads – Leserservice).

Unserer Erfahrung nach schätzen Mitarbeiter es sehr, wenn man klar und offen mit ihnen über ihre Stärken, aber auch über ihre Schwächen spricht. Sie möchten genau wissen, nach welchen Kriterien ihre Leistung gemessen wird und wo sie persönlich stehen. Und sie möchten genau sagen, wo sie Unterstützung brauchen.

Als Führungskraft haben Sie die Chance, Ihre Mitarbeiter zu entwickeln. Setzen Sie alles daran, Ihre Mitarbeiter so zu führen, dass sie ihre eigene Leistungsfähigkeit möglichst voll ausschöpfen können. Von dem daraus resultierenden Motivationsschub profitieren Sie gemeinsam!

Mit Werten führen

»Werte? Ethik?« Vielleicht möchte Ihr innerer Schweinehund Sie nun ganz schnell zum Weiterblättern überreden. Auf langatmigen Philosophieunterricht hat er überhaupt keine Lust.

Und damit wollen wir Sie auch gar nicht behelligen.

Führen mit Werten, das heißt kurz und knapp: anständig und fair mit den eigenen Mitarbeitern, mit Kunden, mit Geschäftspartnern und Wettbewerbern umgehen. Darüber hinaus heißt es, sich der Umwelt gegenüber verantwortlich zu verhalten und Verantwortung auch für das soziale Umfeld zu übernehmen.

Die Werte der inneren Schweinehunde

Wenn die inneren Schweinehunde die Führung übernehmen, fallen alle diese Aspekte flach. Ihnen geht es um kurzfristigen Profit, und dazu ist ihnen jedes Mittel recht:

- Machtmissbrauch (»Fühlt sich gut an!«)
- Mobbing (»Schön, dieses Gefühl der Überlegenheit ...«)
- Unehrlichkeit (»Der Ehrliche ist der Dumme!«)

Je größer die Macht der inneren Schweinehunde im Management, desto weniger Wert wird auf nachhaltiges Wirtschaften und faire Führung gelegt.

Dabei ist beides wichtig: Die Ökonomie als Domäne des Managements und die Ethik als Domäne der Führung; Wertschöpfung als Aufgabe des Managements und Wertschätzung als Aufgabe der Führung. Wir sind überzeugt: Gute Führung macht das Management einfacher.

Warum? Menschen arbeiten besser, wenn sie sich aus Überzeugung zu einem gemeinsamen Ziel hingezogen fühlen und nicht, wenn sie durch Druck zu diesem Ziel gedrängt werden. Menschen lassen sich nicht durch Zahlen bewegen und motivieren, wenn sie sich nicht wertgeschätzt fühlen (wir haben bereits gesehen, dass dafür die inneren Schweinehunde der Mitarbeiter verantwortlich sind). Aus Sicht des Managements sind Mitarbeiter nichts weiter als kleine Rädchen im Getriebe, die reibungslos funktionieren sollen. Aber sie funktionieren nicht, wenn sie nur »gemanagt« werden. Sie brauchen einen respektvollen, wir könnten sogar sagen: liebevollen Umgang. Sie brauchen Führung.

Grundlage des Führens ist Charakter. Deshalb ist effektive Führung das Ergebnis einer

lebenslangen Entwicklung hin zu einer integren, ethisch handelnden und verantwortungsbewussten Führungspersönlichkeit. Grundlage des Managements ist Kompetenz; effizientes Management ist das Ergebnis einer Ausbildung, die Methoden- und Branchenwissen vermittelt. Beides – Führungspersönlichkeit und Managementkompetenz – ist notwendig für ein gesundes und erfolgreiches Unternehmen.

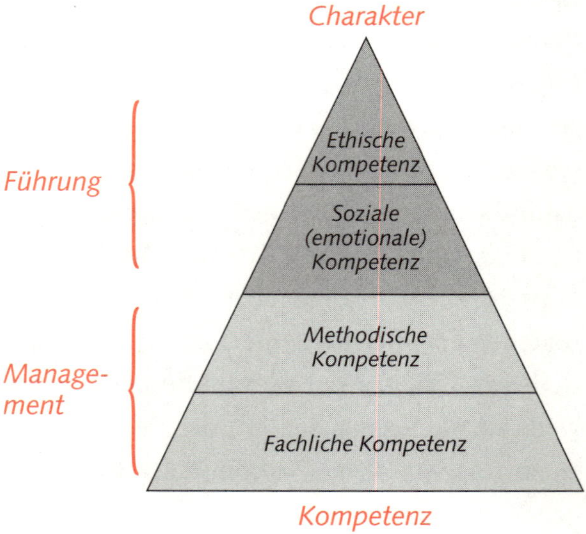

»Weiche« Faktoren werden unterschätzt

Seit den – nun schon beinahe »historisch« zu nennenden – Skandalen um Enron und Co. ist im Grund jedem klar, dass »weiche« Faktoren wie Ehrlichkeit und Zuverlässigkeit so weich gar nicht sind. Auch der Fall Siemens macht dies deutlich. Im Gegenteil: Werden sie vernachlässigt, können genau sie ein Unternehmen zu Fall bringen. Und doch schauen Controller, Investoren und Medien immer noch zuerst auf die »harten« Fakten: Kosten, Umsatz, Gewinn. Wie fair jemand führt, wird nicht gemessen – und darum auch kaum bemerkt. Es scheint unwichtig, wie es dem einzelnen Mitarbeiter geht.

Das ist übrigens nicht nur in der Wirtschaft so: Nach wie vor gilt »gute Lehre« an den Universitäten wenig. Was zählt, ist die Zahl der Veröffentlichungen und die Höhe der eingeworbenen Forschungsgelder. Ähnlich sieht es in der Medizin aus: Immer noch genießen Spezialisten ein sehr hohes Ansehen, während das Bemühen derjenigen Ärzte, die den »ganzen Menschen« mit Leib und Seele in den Blick zu nehmen versuchen, von vielen belächelt wird.

Gute Führung zahlt sich aus

»Über gesunde Arbeitsbedingungen und nachhaltiges Wirtschaften sprechen wir, wenn es dem Unternehmen einmal richtig gut geht – jetzt müssen wir Geld verdienen!« Die Schweinehunde in den Führungsetagen setzen viel daran, diese Einstellung zu verbreiten. Doch sie ist schlicht falsch: Qualitativ hochwertige Arbeitsplätze und Nachhaltigkeit kosten nicht mehr Geld, und mehr noch: Sie zahlen sich aus.

Gesunde Unternehmen

Je gesünder das Arbeitsklima, desto gesünder die Mitarbeiter. Das zeigt eine repräsentative Befragung von rund 5 400 Erwerbstätigen der *Initiative Neue Qualität der Arbeit* (INQA), einer Gemeinschaftsinitiative von Bund und Ländern, Sozialpartnern, Sozialversicherungsträgern, Stiftungen und Unternehmen.

Die Befragten bewerteten ihre Arbeit als besonders zufriedenstellend und erlebten sie positiv, wenn drei Bedingungen erfüllt waren:

1. Ressourcen Arbeit muss durch ein hohes Niveau von Entwicklungs-, Einfluss- und Lernmöglichkeiten sowie von guten sozialen Beziehungen geprägt sein.
2. (Fehl-)Belastung Arbeit darf den Menschen nicht übermäßig belasten, aber auch nicht unterfordern.
3. Existenzsicherung Das Einkommen aus der Arbeit muss existenzsichernd sein und in einem als gerecht empfundenen Verhältnis zur eigenen Leistung stehen.

»Je stärker es an diesen drei wesentlichen Stellgrößen für gute Arbeit mangelt, desto häufiger prägen Unzufriedenheit, Frustration und Resignation das Bild, das Beschäftigte von ihrer aktuellen Arbeit zeichnen«, so das Ergebnis der Studie. Unzufriedene Erwerbstätige berichteten erschreckend häufig von einem hohen Maß gesundheitlicher Beschwerden an Arbeitstagen und schätzten es als eher unwahrscheinlich ein, ihre Arbeitsfähigkeit unter diesen Bedingungen überhaupt bis zum Rentenalter aufrechterhalten zu können.

Im Gegensatz dazu sind abhängig Beschäftigte, die unter guten oder mindestens annä-

hernd guten Arbeits- und Einkommensbedingungen arbeiten, motiviert, zufrieden und empfinden Freude oder gar Begeisterung für ihre Arbeit. Erschreckend sind allerdings die folgenden Zahlen:

- Nur 3 Prozent der Befragten haben einen »guten« Arbeitsplatz, der ihnen ein Einkommen von mindestens 2000 Euro sichert, der ihnen wenig negative Belastungen zumutet, viele Einfluss- und Entwicklungsmöglichkeiten und eine gute soziale Einbindung bietet.
- 13 Prozent der Arbeitsplätze bieten zwar ein existenzsicherndes Einkommen und ausreichend Ressourcen, aber ein zu hohes Maß an Fehlbelastungen.
- 84 Prozent (!) der Arbeitsplätze sind durch extrem geringe Ressourcen und/oder durch ein bedenklich hohes Maß an Fehlbeanspruchungen gekennzeichnet und/oder garantieren kein existenzsicherndes Einkommen.

Was Fehlzeiten kosten

»Was kümmert mich das, ob die Mitarbeiter besonders zufrieden sind? Und die paar Tage, an denen die sich krankmelden, jucken mich doch nicht ...«, hören wir etliche Führungsschweinehunde grummeln. Weiß Ihr innerer Schweinehund, wie viel ein kranker Arbeitnehmer kostet? Lassen Sie ihn einmal schätzen!

In der Automobilindustrie beispielsweise belaufen sich die Kosten für einen Fehltag auf rund 350 Euro. Kann Ihr Unternehmen sich das leisten?

Nachhaltig wirtschaften

Wer auf den schnellen Euro schielt, verdient ihn nicht unbedingt. Das ist dem inneren Führungsschweinehund zwar nur sehr schwer beizubringen – vielleicht können wir ihn aber dennoch überzeugen.

Studien zeigen, dass ein kapitalschonendes, umwelt- und sozialverträgliches Wirtschaften den Firmenwert steigert. Je nachhaltiger Unternehmen ihre Ressourcen nutzen, desto wettbewerbsstärker werden sie.

Es wird sehr viel über Nachhaltigkeit gesprochen – Gesellschaften sollten diese auch entsprechend fördern. Doch was heißt »Nachhaltigkeit«? Der Begriff ist aus der Holzwirtschaft entlehnt und bezeichnet das Prinzip, nur so viel Holz einzuschlagen, wie nachwachsen kann. Im Grunde meint er nichts anderes als »Substanzerhalt«.

Während viele der kurzatmigen Aktiengesellschaften dieses Prinzip in den vergangenen Jahren neu und staunend zur Kenntnis genommen haben, wird es in traditionellen Familienunternehmen seit Generationen gelebt. Dazu ein Beispiel.

Eines der ältesten Familienunternehmen der Welt

Die Brauerei Zötler aus Rettenberg (Allgäu) zählt zu den zehn ältesten Familienunternehmen der Welt. Sie wurde 1447 gegründet – also in einer Zeit, in der sich die Sonne offiziell noch um die Erde drehte (Kopernikus entwarf die Gegenthese erst 1509). Die Brauerei überstand drei Brände, den Dreißigjährigen Krieg, die Pest und den Bauernkrieg,

den Ersten und Zweiten Weltkrieg. Heute wird das Unternehmen in der 20. Generation geführt.

Über all die Jahrhunderte hinweg hielten sich die jeweils amtierenden Inhaber, nach deren Tod deren Witwen und dann wiederum deren Erben an die überlieferten Rezepte, sie wirtschafteten mit Weitblick und Durchhaltevermögen. Zahlreiche öffentliche Ämter und Funktionen, die den jeweiligen Inhabern übertragen worden sind, zeugen von der Verantwortung, die die Familie nicht nur für die eigenen Mitarbeiter, sondern auch für den Ort und für die umliegende Region übernommen hat.

Auch heute erklärt der derzeitige Geschäftsführer Herbert Zötler, dass er niemals einen Teil seiner Mitarbeiter entlassen würde, nur um die Rendite zu erhöhen. Um das Unternehmen voranzubringen, setzt er lieber auf innovative Produkte wie das »Vollmond Bier« oder auf Kundenbindung mit einem modernen Internet-Auftritt, Fanartikeln und Veranstaltungen.

Nachhaltigkeit rechnet sich

Der Führungsschweinehund mag zwar nachhaltiges Wirtschaften als Marotte von Sozialromantikern oder Ökoidealisten abkanzeln – aber damit erweist er sich selbst als weltfremd. Denn auch Nachhaltigkeit rechnet sich. Kurzfristig, mittelfristig und auch sehr langfristig, wie das Beispiel der Allgäuer Familienbrauerei Zötler zeigt.

Das bestätigt auch eine groß angelegte Studie der Georgia State University in Atlanta, die rund 5 500 Unternehmen unter die Lupe nahm. Den Forschern gelang es, einen statistischen Zusammenhang zwischen verantwortungsvollem Management und Unternehmensleistung nachzuweisen. So waren die zehn »verantwortungsvollsten« Firmen um 11,9 Prozent profitabler als die zehn »verantwortungslosesten«, ihre Aktienkurse um 11,8 Prozent stabiler und ihre Dividenden lagen um 10,4 Prozent höher. Als Messgrößen für Verantwortlichkeit wählten die Forscher betriebswirtschaftliche Qualitätskriterien wie Ethikgrundsätze, Übernahmepraktiken, Zusammensetzung des Vorstands, Managergehälter und Buchprüfungsergebnisse.

Nun haben wir Sie und Ihren inneren Führungsschweinehund mit zahlreichen Daten und Fakten versorgt. Vielleicht schwirrt Ihnen sogar ein wenig der Kopf? Dann wird es Zeit, dass Sie sich auf das zurückbesinnen, was Sie dazu gebracht hat, dieses Buch zur Hand zu nehmen: Die Frage, wie es um die Führung in Ihrem eigenen Unternehmen bestellt ist, und welche Rolle die Schweinehunde bei Ihnen spielen dürfen.

Check: Wie steht es um die Führungsqualitäten in Ihrem Unternehmen?

Welcher Führungsstil für Ihr Unternehmen der passende ist, hängt ganz wesentlich von seiner Größe und Geschichte ab, von den Gepflogenheiten Ihrer Branche und von der Persönlichkeit der einzelnen Führungskräfte. Die folgenden Punkte können die Qualität der Führung in Ihrem Unternehmen nicht detailliert analysieren, und, wir geben es gerne zu, sie sind auch etwas überspitzt dargestellt. Dennoch können sie Ihnen wichtige Denkanstöße geben. Nehmen Sie sich Zeit, und stellen

Sie sich die konkrete Situation in Ihrem Unternehmen oder in Ihrer Abteilung vor. Kreuzen Sie die Aussagen an, die am ehesten auf Sie zutreffen.

Gibt es in Ihrem Unternehmen verbindliche Führungsgrundsätze?

C) Nein. Jeder Manager führt, wie er es für richtig hält.

B) Ja, irgendwo gibt es so ein Papier.

A) Ja. Alle Führungskräfte diskutieren regelmäßig über diese Grundsätze, und ihre Leistung wird daran gemessen.

Welche Rolle spielt das Thema »Nachhaltigkeit« im Management?

B) Wir haben mal darüber gesprochen.

A) Unsere ökonomischen, ökologischen und sozialen Grundsätze haben wir in einem verbindlichen Programm verankert.

C) Keine. Wir müssen schließlich Geld verdienen.

Werden Ihre Mitarbeiter gemäß ihrer Stärken eingesetzt?

A) Wir analysieren das Profil unserer Mitarbeiter regelmäßig und fördern sie dort, wo sie besondere Stärken zeigen.

C) Was denn für Stärken? Jeder macht seinen Job.

B) Ja, nach Möglichkeit.

Haben Ihre Mitarbeiter die Möglichkeit, Einfluss zu nehmen und sich zu entwickeln?

C) Da könnte ja jeder kommen. Der Chef bin immer noch ich.

B) Ja, in gewissen Grenzen ist das möglich.

A) Wir bieten jedem unserer Mitarbeiter größtmöglichen Freiraum, in dem er seine Arbeit gestalten und sich entwickeln kann.

Stehen Ihre Mitarbeiter am Arbeitsplatz unter starker Belastung?

B) Überstunden und Wochenendarbeit lassen sich nicht immer vermeiden.

C) Ja. Wir arbeiten mit einer dünnen Personaldecke, damit sich die Leute ordentlich anstrengen.

A) Wir fordern unsere Mitarbeiter – aber wir überfordern sie nicht dauerhaft.

Klagen Mitarbeiter in Ihrem Unternehmen über Mobbing?

A) Nein. Glücklicherweise haben wir bisher keine Mobber und keine Gemobbten in unserem Unternehmen.

B) Gelegentlich kommt das vor. In einem solchen Fall suchen wir das Gespräch mit allen Beteiligten und ziehen gegebenenfalls einen externen Berater hinzu.

C) Mobbing? Das ist doch bloß eine Modeerscheinung.

Fallen Ihre Mitarbeiter häufig wegen Krankheit aus?

C) Ja. Dann müssen die anderen eben mehr arbeiten.

B) Phasenweise haben wir einen recht hohen Krankenstand.

A) Nein, wir haben einen sehr geringen Krankenstand.

Auflösung

Für welche der Aussagen A), B) oder C) haben Sie sich am häufigsten entschieden? Lesen Sie

die Auflösung, die zu Ihrer häufigsten Aussage passt.

A) Die Qualität der Führung scheint in Ihrem Unternehmen bereits hervorragend zu sein – Sie haben die inneren Schweinehunde sehr gut im Griff. Vielleicht finden Sie aber noch den einen oder anderen Punkt, an dem Sie Ihre Führung zu exzellenter Führung machen können.
B) Beim Thema Führung sind Sie willig, aber die inneren Schweinehunde machen Sie schwach. Weil Sie bereits wissen, worauf es ankommt, haben Sie gute Chancen, sich zu verbessern. Und mit den richtigen Strategien bändigen Sie auch die Führungsschweinehunde.
C) In Sachen Führung können Sie in Ihrem Unternehmen richtig viel bewegen. Die Schweinehunde haben es sich in so vielen Winkeln bequem gemacht, dass Sie großartige Erfolgserlebnisse erwarten können. Krempeln Sie die Ärmel hoch – es gibt viel zu tun!

Teil II
Warum gutes Führen so schwerfällt

Führung ist eine hohe Kunst. Mannschaften zu formen, Teams zu steuern, Menschen unterschiedlichster Interessen zu motivieren, an einem Strang zu ziehen – das ist nicht einfach. Und deshalb ist es auch nicht erstaunlich, dass sich heute Berge von Literatur zum Thema Führung auftürmen, dass zahlreiche Lehrstühle darüber forschen und immer mehr Beratungsinstitute Hilfe für ratlose Führungskräfte anbieten.

Was aber ist der Grund dafür, dass Manager sich beraten lassen, sich weiterbilden und besten Willens sind – und Führung trotzdem schiefgeht? Warum gelingt es nicht, die Mitarbeiter zu Höchstleistungen anzuspornen? Warum sehen sich Team- oder Abteilungsleiter so oft gezwungen, mehr Zeit in den Erhalt der eigenen Position zu investieren als in ihre »eigentliche« Arbeit? Warum lassen sich Führungskräfte immer wieder dazu verleiten, sich als vorbildliche Facharbeiter zu präsentieren, statt zu führen?

Lassen Sie uns nun schauen, mit welchen Tricks und Tücken die inneren Schweinehunde Vorgesetzte daran hindern, gute Führungskräfte zu sein.

Treffen sich zwei Schweinehunde …

Wenn Schweinehunde aufeinandertreffen, entscheiden sie blitzschnell: »Ja, den kann ich riechen.« Oder: »Alarm – ein Feind!« Das gilt für den Fall, dass ein Führungsschweinehund einen gleichrangigen Kollegen trifft genauso wie für den Fall, dass er einem Mitarbeiterschweinehund begegnet. Was sich unterscheidet, ist die Art und Weise, wie die anschließende Kommunikation zur Katastrophe wird – oder aber gelingt.

Eskalation, Rache oder Rückzug

Sehen wir uns an, was geschieht, wenn sich die inneren Schweinehunde einer Führungskraft und eines Mitarbeiters ineinander verbeißen: Ein blutjunger, talentierter Ingenieur wird zum Projektleiter befördert. In seinem Team arbeitet ein »alter Hase«, der seinen Job schon seit Jahrzehnten macht. Um sich Respekt zu verschaffen und sein technisches Wissen zu demonstrieren, gibt der frisch gekürte Chef »seinem« Ingenieur detaillierte Anweisungen. Anstatt sich aber an seine Direktiven zu halten, stellt dieser Gegenfragen – nicht ohne ironischen Unterton – und tut weiter, was er selbst für richtig hält.

Der innere Führungsschweinehund des jungen Projektleiters wird fuchsteufelswild:

- »Was bildet sich dieser Mensch eigentlich ein? Ich bin hier der Chef, und er hat zu tun, was ich sage!«
- »Wenn der so weitermacht, schwärze ich ihn beim Abteilungsleiter an!«
- »Beim nächsten Projekt bekommt der eine völlig uninteressante Aufgabe – darauf kann er sich schon einmal gefasst machen!«

- »Na warte – den stelle ich bei nächster Gelegenheit kalt!«
- »Der nimmt mich überhaupt nicht ernst! Wir werden ja sehen, wer hier am längeren Hebel sitzt.«

Der altgediente Ingenieur fühlt sich durch das Auftreten seines neuen Chefs zutiefst gekränkt, gleichzeitig amüsiert er sich über dessen unbeholfene Art. Sein innerer Schweinehund hört nicht auf, ihm zersetzende Kommentare zuzuflüstern:

- »Den lassen wir erst einmal auflaufen.«
- »Was, der will Chef sein? Der ist ja noch ganz grün hinter den Ohren.«
- »Ich lasse mich nicht von einem solchen Jungspund kontrollieren!«
- »Mal sehen, wie weit er kommt, wenn ich nur noch Dienst nach Vorschrift mache.«
- »Wenn er so an der technischen Arbeit hängt, ist er als Chef wohl leider nicht geeignet.«

Sie können sich nun ausmalen, wie die Begegnung dieser beiden Menschen und ihrer Schweinehunde im Detail ablaufen wird …

Wenn sich die Schweinehunde der Interaktionspartner gegenseitig aufschaukeln, kommt es zunächst zu einer Eskalation. Diese kann sich weiterentwickeln zu gegenseitigen Rachefeldzügen und/oder zum Rückzug der beiden Parteien:

1. Eskalation Beide Parteien steigern sich langsam in einen Streit hinein. Es fallen beißende Kommentare, im nächsten Schritt kommt es zu einem lauten Schlagabtausch. Möglicherweise wird die nächsthöhere Hierarchieebene eingeschaltet.
2. Rache Der Ingenieur und sein Vorgesetzter versuchen, negative Mundpropaganda über den jeweils anderen in Umlauf zu bringen. Vielleicht sabotieren sie sich auch gegenseitig in ihrer Arbeit, indem sie zum Beispiel Werkzeuge oder Unterlagen verschwinden lassen.
3. Rückzug Der Ingenieur lässt den jungen Chef auflaufen, indem er nur noch »Dienst nach Vorschrift« macht, oder nicht einmal mehr das. Umgekehrt lässt der Projektleiter den Ingenieur »links liegen«, gibt ihm keine

interessanten Aufgaben und keine Informationen mehr.

Verläuft der Konflikt zwischen zwei Führungskräften, kann es ebenfalls zu Eskalation, Rache oder Rückzug kommen. Allerdings wird auf dieser Ebene auf Augenhöhe und folglich mit anderen Mitteln gekämpft.

Die *Eskalation* verläuft in drei Stufen: Zuerst fechten die Kontrahenten mit Argumenten. Dann wechseln sie von der Diskussion über Sachfragen zu einem Disput über Prinzipien und suchen dabei den Schulterschluss mit möglichen Verbündeten. Schließlich versuchen die Lager, sich gegenseitig zu vernichten.

Gehen Managerschweinehunde auf *Rachefeldzug*, dann haben sie ihre fiesesten Tricks im Gepäck: Sie schneiden Rivalen vom Informationsfluss ab, verbreiten üble Nachrede, machen falsche Versprechungen, brechen Vereinbarungen, schaffen Abhängigkeiten. Einen *Rückzug* können sich nur Manager erlauben, die fest genug im Sattel sitzen oder ohnehin einen Jobwechsel planen.

Auch wenn die Begriffe Eskalation, Rache, Rückzug sehr nach strategischer Kriegsfüh-

rung klingen – denken Sie doch einmal bewusst darüber nach, ob Sie solche Situationen aus Ihrem Führungsalltag kennen. Wahrscheinlich erleben Sie sie täglich. Es müssen ja nicht die ganz großen Feldzüge sein: Den anderen ein wenig warten lassen, sein »Guten Morgen!« ignorieren, eine kleine Absprache nicht einhalten – mit diesen kleinen Gesten fängt die Sabotage der inneren Schweinehunde bereits an.

Kleine Schweinehund-Typologie

Nicht jeder Schlagabtausch zwischen Führungsschweinehunden und den permanenten Begleitern ihrer Kollegen oder Mitarbeiter verläuft gleich. Denn jeder Schweinehund tickt anders: Was den einen auf die Palme bringt, ist genau das, was den anderen ruhig und zufrieden macht. Dazu zwei Beispiele:

Die Chefin eines Programmierer-Teams legt großen Wert auf gute Stimmung im Team. Sie beruft regelmäßig Meetings ein, in denen sie von »Teamspirit« und Emotionen spricht. »Toll – endlich mal jemand, der uns als Men-

schen wahrnimmt«, freut sich der eine Kollege. Der andere fühlt sich von der »Gefühlsduselei« genervt: »Ich mache hier meinen Job und keine Therapie.«

Oder: Der Leiter eines Fotostudios gibt seinen Mitarbeitern gerne ganz genaue Anweisungen, wie sie was aufzubauen und auszuleuchten haben. »Der weiß wenigstens, was er will«, schätzt ein Mitarbeiter diesen Arbeitsstil. Der andere fühlt sich genau dadurch gegängelt: »Ich brauche ein Layout und einen Abgabetermin, sonst nichts.«

Ob Führung gelingt oder nicht, ist zum Glück kein Glücksspiel. Denn es ist gar nicht so schwer, herauszufinden, wie der innere Schweinehund des Gegenübers gestrickt ist.

Vier verschiedene Schweinehund-Typen

Eins gleich vorweg: Die vier verschiedenen Schweinehund-Typen, die wir Ihnen im Folgenden vorstellen wollen, sollen niemanden auf- oder abwerten. Es geht nicht um »richtige« oder »falsche«, »gute« oder »schlechte« Typen, sondern schlicht und ergreifend da-

rum, Unterschiede zwischen den einzelnen Profilen herauszustellen.

Wahrscheinlich fällt Ihnen gleich zu jedem der beschriebenen Typen einer (oder mehrere) Ihrer Mitarbeiter oder Kollegen ein. Gehen Sie noch einen Schritt weiter: Überlegen Sie nicht nur, welchen Typen Sie Ihre Mitarbeiter zuordnen können, sondern auch, wie Sie selbst typischerweise auf diese Mitarbeiter reagieren.

Als Grundlage für unsere Typologie haben wir das von Ned Herrmann entwickelte *Herrmann Dominanz Instrument* (H. D. I.) ausgewählt, das die bevorzugten Denkweisen des Menschen beschreibt.

Herrmann geht von einer »Bauweise« unseres Gehirns aus, die aus vier »Quadranten« besteht. Die oberen beiden Quadranten stellen die rechte und linke Hälfte des Großhirns dar (hier sitzt unsere Ratio), die unteren beiden Quadranten die beiden Hälften des »limbischen Gehirns« (den Sitz der Emotionen).

Jedem dieser Quadranten ordnete Herrmann einen bestimmten Denkstil zu. Er geht davon aus, dass sich das individuelle Profil eines jeden Menschen über alle vier Quadran-

ten erstreckt – allerdings in unterschiedlicher Ausprägung. Theoretisch sind also einerseits vier »reine« Typen denkbar, andererseits aber auch ein Typ, dessen Profil sich mehr oder minder gleichmäßig über alle vier Felder erstreckt.

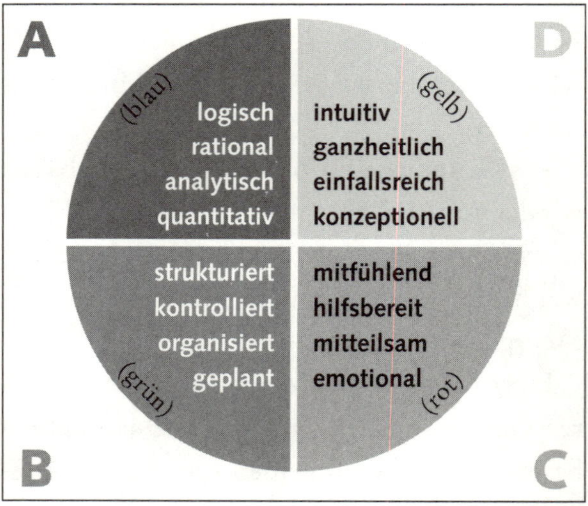

Skizzieren wir nun also die Schweinehunde der vier verschiedenen Typen – wobei wir zuerst die unterschiedlichen Mitarbeiter-Typen in den Blick nehmen. Da es sich erstens um ein relativ einfaches Modell handelt und zweitens um Typenausprägungen, die in dieser »reinen« Form nur theoretisch denkbar sind, mag

Ihnen die folgende Typologie überzeichnet erscheinen. Das nehmen wir bewusst in Kauf – der Vorteil einer holzschnittartigen Zeichnung ist schließlich ihre Prägnanz. Bei den meisten Profilen kommt es zu doppelten und dreifachen Präferenzen, die unterschiedlich zu werten sind.

Der Rationale (A)

Der rationale Typ arbeitet logisch, analytisch und ergebnisorientiert. Besonders gut ist er im Controlling oder im Rechenzentrum aufgehoben. Für seinen Schweinehund zählen Zahlen – sonst nichts. Er liebt es, in Strukturen zu denken, diese zu analysieren und zu optimieren. Dass andere Menschen sich für Ziele oder für Lösungswege entscheiden, die seiner Einschätzung nach nicht optimal sind, kann er nur schwer akzeptieren.

Sein Schweinehund argumentiert mit folgenden Denkmustern:

- »Gebt mir Daten und Fakten, damit ich ordentlich arbeiten kann.«

- »Ihr Argument ist nicht logisch!«
- »Warum machen wir das so kompliziert? Das muss einfacher, schneller und billiger gehen.«
- »Was zählt, sind meine Ergebnisse! Welche Probleme ich überwinden musste und wie ich das geschafft habe, interessiert doch niemanden.«
- »Ich brauche klare Anweisungen.«

Der Sicherheitsbedürftige (B)

Der sicherheitsbedürftige Typ überlässt nichts dem Zufall. Er plant detailliert, strukturiert

und organisiert so viel wie möglich im Vorfeld. Als Projektmanager, als Mitarbeiter in Produktion oder Logistik eignet er sich hervorragend, weil er Kosten und Termine stets im Blick behält. Manchmal allerdings fixiert er sich so sehr auf Details, dass er das große Ganze nicht mehr sieht. Innovationen und Visionen gehören nicht zu seinen Stärken. Er ist ein Umsetzer par excellence.

Sein innerer Schweinehund raunt:

- »Macht bloß keinen Fehler!«
- »Alles muss reibungslos funktionieren.«
- »Der Termin muss unbedingt eingehalten werden.«
- »Keine Experimente!«
- »Ich möchte über meine Zwischenergebnisse sprechen!«

Der Emotionale (C)

Der emotionale Typ pflegt einen teamorientierten und integrierenden Stil. Er versteht es hervorragend, eine Mannschaft zusammenzuhalten – auch in Krisenzeiten.

Oft agiert er über seinen eigenen Zuständigkeitsbereich hinaus: Abteilungsgrenzen lassen ihn unberührt, weil er die Firma als lebendigen Organismus versteht. Details, Daten und auch die Kostenseite interessieren ihn nicht sonderlich. Hauptsache, die Stimmung im Team ist gut und die Kunden sind glücklich!

Sein innerer Schweinehund unterstützt ihn mit folgenden Argumenten:

- »Ist die Stimmung gut, geht alles andere von allein.«
- »Geht es euch allen gut?«
- »Lasst uns gemeinsam die Ärmel hochkrempeln!«
- »Wenn jemand Hilfe braucht, dann helfen wir ihm.«
- »Die Zufriedenheit des Kunden geht über alles.«

Der Spontane (D)

Der spontane Typ ist intuitiv, kreativ und risikofreudig. Idealerweise arbeitet er in der Forschung und Entwicklung oder im Marketing eines Unternehmens. (In der Buchhaltung ist er weniger gut aufgehoben.) Gute Erfolge erzielt er überall in der Kreativbranche.

Er hat mehr Ideen, als er je umsetzen kann. Er interessiert sich für alles, was neu und aufregend ist – der termingerechte Abschluss von Projekten zählt allerdings nicht zu seinen Stärken.

Folgende Sätze sind typisch für seinen inneren Schweinehund:

- »Versuchen wir etwas Neues!«
- »Wir verlassen ausgetretene Wege!«
- »Wir suchen nach einer besseren Möglichkeit.«
- »Lasst uns mal ein bisschen herumspinnen!«
- »Heute machen wir das mal ganz anders.«

Und Ihr eigener Schweinehund?

Wir haben es nicht nur mit vier verschiedenen Typen von Mitarbeiterschweinehunden zu tun. Ihnen gegenüber stehen weitere Exemplare dieser Gattung: die Schweinehunde der Führungskräfte. (Ja, und jetzt meinen wir auch Ihren eigenen kleinen Begleiter.) Hier können wir wiederum die vier Typen unterscheiden.

Der Rationale

Der rationale Typ

- sorgt für die aus technischer Sicht optimale Lösung,
- argumentiert mit Daten, Zahlen, Fakten,

- hat die Ergebnisse im Blick,
- kümmert sich nicht um Befindlichkeiten,
- erklärt, *warum* Mitarbeiter etwas erledigen sollen.

Wenn Ihr eigener Führungsschweinehund zur Spezies der Rationalen gehört, kommt er am besten mit ähnlich strukturierten Mitarbeitern zurecht. Auch sicherheitsbedürftige Mitarbeiter kann er leicht führen. Schwerer hat er es mit emotionalen oder spontanen Schweinehunden: Diese wirken auf ihn unberechenbar und unzuverlässig. Und das geht Ihrem Schweinehund gehörig auf die Nerven.

Der Sicherheitsbedürftige

Die sicherheitsbedürftige Führungskraft

- sorgt für Pünktlichkeit,
- geht sparsam mit Ressourcen um,
- sichert sich vor jeder Entscheidung ab,
- dokumentiert, was sie tut,
- erklärt, *wie* ihre Mitarbeiter etwas erledigen sollen.

Ist Ihr Führungsschweinehund ein sicherheitsbedürftiges Exemplar, harmoniert er am

besten mit rationalen oder ebenfalls sicherheitsbedürftigen Mitarbeitern. Schweinehunde mit eher emotionalem oder spontanem Stil wirken auf Ihren raubeinigen Begleiter oftmals wie verantwortungslose Draufgänger. Hier sind Konflikte vorprogrammiert.

Der Emotionale

Wer emotional führt, der

- sorgt für gute Stimmung im eigenen Team,
- sucht Unterstützung von Kollegen und Vorgesetzten,
- ist hilfsbereit gegenüber Kollegen und Kunden,
- schaut mehr auf Befindlichkeiten als auf Ergebnisse,
- erklärt, welche Mitarbeiter zusammenarbeiten sollen.

Im Team mit emotionalen oder spontanen Mitarbeitern blüht Ihr eigener emotionaler Führungsschweinehund richtig auf. Nicht aber, wenn sich im Team zu viele rationale oder sicherheitsbedürftige Schweinehunde scharen. Diese gehen Ihrem treuen Begleiter

gehörig gegen den Strich: »Ihr Zauderer!«, schimpft er. »Ihr Verhinderer!«

Der Spontane

Der spontane Typ

- entscheidet intuitiv,
- sprüht vor Ideen,
- interessiert sich wenig für Kosten,
- nimmt Risiken in Kauf,
- überlässt es den Teammitgliedern, das zu tun, was sie selbst für richtig halten.

Ist Ihr Führungsschweinehund ein spontan veranlagter Geselle, kann er mit spontanen Mitarbeiterschweinehunden zu »saumäßigen« Höhenflügen abheben – man versteht sich auf Anhieb hervorragend! Auch zu emotionalen Mitarbeitern findet er einen guten Draht. Sehr rationale oder sicherheitsbedürftige Mitarbeiter aber empfindet er als Zumutung: Er knurrt gewaltig, wenn Mitarbeiter ständig nach Anweisungen oder Begründungen fragen.

»Aha! Deshalb komme ich mit Schmitz und Schulze nicht zurecht«, mögen Sie jetzt denken. »Dann knöpfe ich mir mal deren innere Schweinehunde vor, und meinen gleich dazu, und dann kriegen wir das schon hin.« Unterschätzen Sie Ihren eigenen Schweinehund nicht! Er versteht sich vorzüglich darauf, Ihre guten Vorsätze ins Nirgendwo zu verscheuchen. Doch wenn Sie seine wichtigsten Tricks und Taktiken kennen, können Sie Ihre Vorsätze so formulieren, dass sie garantiert schweinehundsicher sind.

Tricks und Taktiken der Schweinehunde

Der innere Schweinehund ist zwar ein äußerst faules Wesen – doch wenn er befürchtet, dass sein Mensch sich überwinden, anstrengen, oder gar lieb gewonnene Gewohnheiten aufgeben soll, wird er blitzschnell hellwach! Er verfügt über eine riesengroße Kiste voller Tricks, mit denen er gute Vorsätze ganz schnell zunichte machen kann. Tückisch: Besonders gern wird der innere Schweinehund aktiv, bevor wir überhaupt eine Änderung in Angriff nehmen. Und so bemerken wir seine Sabotage fast gar nicht.

Der verhinderte Entschluss

Kai Kunze ist zur Führungskraft im Vertrieb eines Pharmakonzerns befördert worden. Ein Schritt, den er seit Monaten ersehnt und auf den er sich lange vorbereitet hat. »Nie wieder werde ich mich über die unsinnigen Anweisungen sogenannter Führungskräfte ärgern«, war er voller Vorfreude. »Jetzt habe ich die Freiheit, meine eigenen Vorstellungen und meinen eigenen, offenen und transparenten Führungsstil umzusetzen. Bei mir sollen die Leute ihre Meinung sagen können!«

Die Realität aber sieht anders aus: Der große Spielraum seines vorigen Jobs – er war für das Marketing einer Produktlinie zuständig – ist weg. Kunze sieht sich eingeengt von anderen Managern auf gleicher Ebene, von den Führungskräften der Etage über ihm und von seinem Team. Alle Seiten bedrängen ihn mit unterschiedlichen, zum Teil gegensätzlichen Ansprüchen. Als frischgebackener Boss wird er »von oben« belächelt. Er hat die bestehenden Netzwerke noch nicht durchschaut; seine Verhandlungsposition innerhalb des Unternehmens ist bescheiden. »Von unten«

wird er ebenfalls auf die Probe gestellt: Statt ihm zu folgen, loten seine Mitarbeiter ihre Grenzen aus. Wie reagiert die neue Führungskraft auf Alleingänge? Auf Terminverzögerungen? Auf ausgedehnte Mittags- und Kaffeepausen?

Kunze ist frustriert. Er setzt sich an seinen schönen, großen Schreibtisch. »So geht es nicht weiter«, murmelt er vor sich hin. »Ich muss das Team besser führen!« Da kommt sein innerer Schweinehund angetrottet und stupst seine Schnauze tröstend an Kunzes Bein: »Du kannst gar nichts tun!«, beschwichtigt er. »Die Strukturen hier sind so undurchsichtig und verfilzt, und die Mitarbeiter laufen seit Jahren im gleichen Trott – was willst du hier schon verändern?« »Ja«, denkt sich Kunze. »Ich sollte einfach mein höheres Gehalt genießen und mich ansonsten nicht aufreiben.« Er schließt die Bürotür (obwohl er sich vorgenommen hatte, immer für sein Team ansprechbar zu sein) und wischt seinen guten Vorsatz vom Tisch.

Unmöglichkeitstaktik

Kunzes innerer Schweinehund hatte ein leichtes Spiel. Er setzte auf die *Unmöglichkeitstaktik* – die funktioniert so gut wie immer, und beinahe bei jedem. Typisch dafür sind folgende Argumente:

- »Das kann gar nicht funktionieren!«
- »Die Mitarbeiter machen sowieso nicht mit!«
- »Ich werde die Leute hier niemals ändern können!«
- »Was kann ich kleines Rädchen im Getriebe schon tun?«
- »Es kostet viel Kraft und lohnt sich ja doch nicht.«

Unverbindlichkeitstaktik

Eine weitere Variante aus der Trickkiste des kleinen Verhinderers ist die *Taktik der Unverbindlichkeit.* Wir selbst liefern ihm die Steilvorlage, wenn wir unsere guten Vorsätze so formulieren:

- »Ich sollte mal über Führung nachdenken.«
- »Eigentlich müsste ich mal ein Seminar zum Thema Führung besuchen.«
- »Vielleicht könnte ich einen Mentor finden.«
- »Ich hätte mich schon früher mit dem Thema Führung auseinandersetzen sollen.«
- »Die Firma müsste mich mehr unterstützen.«

Was folgt aus derartigen Überlegungen? Ganz einfach: Nichts! Denn bei keinem dieser Sätze handelt es sich um einen echten Vorsatz. Es bleibt im Nebel, was genau in welchen Schritten umgesetzt werden soll, und bis wann das geschehen soll. »Wunderbar!«, denkt sich der innere Schweinehund, »schon wieder ein Punktsieg für mich«.

Verzögerungstaktik

Je sicherheitsbedürftiger der Mensch, desto leichteres Spiel hat sein innerer Schweinehund mit der Verzögerungstaktik. Eigentlich eine ganz simple Methode! Typisch sind Äußerungen wie diese:

- »Ich habe jetzt keine Zeit, über Führung nachzudenken. Zuerst muss das Projekt gestemmt werden.«
- »Bevor ich hier irgendeine Änderung in Angriff nehmen kann, lese ich erst einmal die wichtigsten Bücher über Führung.«
- »Ich muss mir zuerst genau überlegen, was es für Konsequenzen haben könnte, wenn ich das Thema Führung bei meinem Vorgesetzten anspreche.«
- »Zuerst bestelle ich mir eine Manager-Zeitschrift, damit ich mich langsam in die aktuelle Debatte zum Thema Führung einarbeiten kann.«
- »Ich warte jetzt erst einmal ein halbes Jahr ab – vielleicht erledigen sich meine Führungsprobleme ja von selbst.«

»Na prima«, denkt sich der kleine Saboteur. »Solange mein Mensch nachdenkt, liest und andere Dinge erledigt, kann ich ja in Ruhe weiter dösen.«

Der Wurm in der Entscheidung

Wenn es dem inneren Schweinehund nicht gelingt, einen guten Vorsatz schon im Vorfeld zu

kippen, setzt er eben ein wenig später an: im Moment der Entscheidung. Kai Kunze könnte er folgende Formulierungen einflüstern:

- »Ich probiere mal, eine bessere Beziehung zu einzelnen Mitarbeitern aufzubauen.«
- »Ich werde mal sehen, ob ich in nächster Zeit nicht einen Coach finde.«
- »Jeden Tag ein wenig mehr auf Führung achten – das muss ich mal versuchen.«

»Ja, dann versuch das ruhig!«, lacht sich der innere Schweinehund ins Pfötchen. Denn er weiß, dass Versucher sehr versucht sind, gar nichts zu versuchen …

Nebeltaktik

Schwammige Formulierungen jeder Art eignen sich hervorragend, um Entscheidungen aufzuweichen. Bei Schweinehunden besonders beliebt sind Zielformulierungen im Komparativ. Sie sind wunderbar wirr und klingen zum Beispiel so:

- »Ich werde ab sofort besser führen!«
- »Ich muss mich intensiver um einzelne Mitarbeiter bemühen.«

- »Ich will mich mehr mit dem Thema Führung auseinandersetzen.«
- »Die Strukturen im Unternehmen will ich ab sofort bewusster wahrnehmen.«
- »Ich sollte meine Rolle als Chef stärker ausspielen.«

Was heißt »mehr« oder »besser« oder »bewusster«? Der kleine Schweinehund zuckt unschuldig mit den Schultern und gibt sich kaum Mühe, sein Grinsen zu unterdrücken. Er hätte seinem Menschen ja vielleicht geholfen – doch wenn Weg und Ziel so unklar sind, kann er leider gar nichts tun, als weiter auf der faulen Haut zu liegen.

Herkulestaktik

Sehr ehrgeizigen Führungskräften springt der Schweinehund mit einer weiteren, sehr wirksamen Strategie zur Seite: mit der sogenannten Herkulestaktik. Er flüstert seinem Herrchen überdimensionierte, überwältigend strahlende Pläne ein – bis dieses vor Staunen über seine eigene Monumentalität erstarrt.

- »Ich werde die beste Führungskraft im ganzen Unternehmen.«
- »Schon bald werden die Medien über meinen exzellenten Führungsstil berichten!«
- »Ich werde Unternehmensgeschichte schreiben!«
- »In wenigen Jahren werde ich im Vorstand sitzen und Tausende von Menschen führen.«
- »Meine Mitarbeiter werden zu mir aufschauen und mich bewundern!«

Der kleine Saboteur weiß ganz genau: Je größer die Pläne, desto geringer die Gefahr, dass sie jemals umgesetzt werden. In der Schublade sind sie besonders gut aufgehoben. Sollte sich sein Mensch mal wieder schlecht fühlen, kramt der Schweinehund die Pläne einfach hervor, spendet mit ihrer Hilfe ein wenig Trost, und lässt sie anschließend wieder leise verschwinden.

Sabotage in der Ausführung

Meistens gelingt es dem Führungsschweinehund, die Vorhaben der Chefs im Vorfeld oder

spätestens in der Entscheidungsphase zunichte zu machen. Falls nicht – auch das kommt manchmal vor –, zieht er eine von drei verschiedenen Notbremsen aus seiner Trickkiste, mit denen er sein Herrchen noch auf der Zielgerade stoppen kann. Die erste arbeitet mit schlichter Ablenkung. Schauen wir noch einmal Kai Kunze über die Schulter.

Ablenkungsmanöver

Kai Kunze ist entschlossen: Er holt sich Hilfe bei seinem Vorgesetzten, bevor ihm alles aus dem Ruder läuft. Er klappt sein Laptop auf und beginnt, die Probleme in seiner Abteilung in Stichworten zu skizzieren. Da klopft es an der Tür. Die Sekretärin schaut herein: »Können wir den Termin mit Herrn Schmidt auf Mittwoch, 15 Uhr verlegen?« Kunze blättert in seinem Terminkalender, nickt, widmet sich wieder seinen Überlegungen. »Gar nicht so einfach«, raunt der kleiner Begleiter, der treu neben seinem Chefsessel hockt. »Lass dir doch erstmal einen Kaffee bringen – das regt die Kreativität an.« Kunze klingelt ins Vorzimmer, wartet auf seinen Kaffee, nimmt ihn

dankbar entgegen. Zwischenzeitlich sind neue Mails eingegangen.

»Das ist doch nicht zu fassen – dieser Müller ist ja völlig unfähig!«, wettert Kunze und schlägt mit der Faust auf den Tisch. Hatte er

nicht ausführlich erklärt, was er mit dem Zulieferer vereinbaren soll? »Warum jetzt diese Nachfragen per Mail? Hat der nicht zugehört? Oder stellt er sich dumm, um mich zu provozieren?«

Der innere Schweinehund macht einen Satz zur Seite, damit Kunze aufspringen und schnellen Schrittes zur Tür hinaus hasten kann. »Dem werde ich es zeigen!«, hört er sein Herrchen noch, dann knallt die Tür. Zufrieden rollt sich der Schweinehund unter dem Mahagonitisch zusammen. So schnell wird er Kunze nicht dazu kommen lassen, eine Mentorbeziehung zu seinem Chef aufzubauen. »Das bringt viel zu viel in Wallung«, ist er überzeugt. »Schlimmstenfalls mischt sich der Vorgesetzte in unser Team ein, beobachtet uns ständig, und wir müssen uns viel mehr anstrengen!« Nein, ein Schweinehund von seinem Format weiß so etwas zu vermeiden.

Ablenkungsmanöver des inneren Schweinehundes lassen sich leicht an folgenden Äußerungen erkennen:

- »Bevor ich mich jetzt in dieses Projekt vertiefe, spreche ich noch mit Herrn X über Thema Y.«
- »Ich recherchiere zuerst im Internet, damit ich mehr über das Thema weiß.«
- »Nur mal kurz die E-Mails checken!«

- »Um das zu schaffen, brauche ich erst mal einen Kaffee.«
- »In dieser Unordnung kann ich nicht arbeiten.«

Ausnahmefalle

Angenommen, Kunze hat konkrete Maßnahmen beschlossen, um seine Führungsprobleme zu beheben: Jede Woche trifft er sich mit seinem gesamten Team zum Jour fixe, ebenfalls wöchentlich kommt er mit seinem Mentor zusammen. Er sucht aktiv das Gespräch mit seinen Mitarbeitern, stellt viele Fragen, hört genau zu, achtet auch auf Zwischentöne. Er baut Verbindungen zu anderen Managern innerhalb des Unternehmens auf.

Bis plötzlich ein Projekt zu scheitern droht. Kunze braucht all seine Kräfte, um das Ruder herumzureißen: Der Jour fixe muss ausfallen, das Meeting mit dem Mentor wird abgesagt, für Gespräche mit den Mitarbeitern bleibt keine Zeit, Networking ist jetzt ohnehin nur Zeitverschwendung.

Und schon ist wieder alles beim Alten: Die Stimmung in der Abteilung ist mäßig, Kunze

fühlt sich als Führungskraft nicht ernst genommen.

Sein Schweinehund besänftigt ihn mit folgenden Ausreden:

- »Jetzt habe ich so einen Stress, da kann ich nicht auch noch irgendwelche Führungstipps beherzigen.«
- »Wenn das Projekt gerettet ist, dann arbeite ich weiter an meinem Führungsstil.«
- »Zurzeit geht es halt nicht anders.«

Zwei Wochen später ist das Projekt wieder in ruhigem Fahrwasser. Doch aus der einmaligen Ausnahme ist wieder die Regel geworden: Der Jour fixe fällt weiter aus, die Treffen mit Kunzes Mentor sind aus dem Terminkalender verschwunden, für Gespräche mit den Mitarbeitern bleibt kaum Zeit, wenn sie nicht geplant werden. Und Kunze gewöhnt sich daran, dass er weit hinter dem Bild der Führungskraft zurückbleibt, das er für sich selbst gezeichnet hatte. Und unter seinem Schreibtisch döst friedlich ein fetter Führungsschweinehund.

Abbruchtaktik

Jede Veränderung fordert Anstrengung. Das gilt, ganz gleich, ob es um eine höhere Termintreue, weniger Produktionsfehler oder eben um eine verbesserte Qualität der Führung geht.

Kurz nach der Beförderung zur Führungskraft, nach einem Seminarbesuch oder nach der Lektüre eines Führungsratgebers ist die Motivation häufig sehr hoch, am eigenen Führungsstil zu arbeiten. Kurze Zeit später aber ermüden uns die Mühen des Alltags. Der innere Schweinehund wartet genau den Zeitpunkt ab, an dem unsere Schritte langsamer werden, an dem sich der anfängliche Elan langsam auflöst. Dann schlägt er zu:

- »Ist das ganze Gerede über Führung nicht nur ein Modethema?«
- »Bemerkt denn irgendjemand, dass ich mich anstrenge?«
- »Dieser Haufen Sturköpfe lässt sich von niemandem führen!«
- »Bin ich überhaupt in der Lage, meinen Führungsstil zu ändern?«

Zu guter Letzt zückt der Schweinehund seine Killerphrase:

- »Lass es doch sein, es hat sowieso keinen Zweck.«

Und schon wird das Thema begraben. Und der dicke Führungsschweinehund setzt sich einen Lorbeerkranz und ein ziemlich dreistes Grinsen auf.

Die beliebtesten Tummelplätze der Schweinehunde

Führung fällt nicht allein deshalb so schwer, weil die inneren Schweinehunde so oft dazwischenfunken. Ein ganz entscheidender Faktor sind auch die äußeren Rahmenbedingungen: Wie logisch ist das Unternehmen organisiert? Sind die Machtverhältnisse klar definiert? Weiß jeder Manager auf jeder Hierarchiestufe, welche Rolle er zu spielen hat? Sind Führungskräfte aus verschiedenen Abteilungen in der Lage, sich über Projektziele und Vorgehensweisen zu einigen? Je weniger klare Strukturen es gibt und je weniger Vereinbarungen,

wie man miteinander umzugehen gedenkt, desto toller der Tumult der Führungsschweinehunde.

Spiel oder stirb

Führungsschweinehunde sind Spielernaturen: Ob Strategiespiel oder Poker – sie können einfach nicht widerstehen.

Manchmal liest sich die Geschichte eines Machtspiels wie das Libretto einer barocken Oper (wobei es zumeist mehr um Intrigen als um die Liebe geht): Versetzen Sie sich in die Führungsetage einer Großbank, die eine internationale Fusion plant. Ein altgedienter Manager bittet einen seiner Zöglinge, seine politischen Kontakte zu nutzen, damit die Firmenverschmelzung problemlos über die Bühne gebracht werden kann. Als Gegenleistung verspricht er dem Jüngeren einen Job in der Geschäftsführung oder im Vorstand der neu entstehenden Bank.

Nach der erfolgreichen Fusion sonnt sich der alte Hase auf seinem neuen Posten als Vorsitzender des Aufsichtsrates. Sein Versprechen gegenüber dem Jüngeren? Längst vergessen.

Enttäuscht zieht dieser von dannen. Mit ihm verlassen etliche hochrangige Manager die Arena. Sie hatten als Hoffnungsträger gegolten – mit dem Fahnenwechsel des Unternehmens aber waren sie überflüssig geworden oder zerfleischten sich gegenseitig in einem unbarmherzigen Grabenkrieg.

»Showdown der Alphatiere« nannte Klaus Werle derartige Machtspiele im *Manager Magazin*. Wir wollen hier nicht moralisieren: Als Führungskraft (egal auf welcher Ebene) üben Sie Macht im Unternehmen aus, und natürlich haben Sie die Möglichkeit, diese Macht zu nutzen: zum Beispiel, um andere geschickt auszubooten oder auszustechen. Sie können sich heute diese Verbündete suchen und morgen jene, Sie können sich geschickt Zugang zu Informationen beschaffen und diese selbstverständlich für Ihre eigenen Ziele nutzen.

Doch bedenken Sie, wie viel Potenzial durch einen solchen »Stellungskrieg« verloren geht. Vielleicht wissen Sie aus eigener Erfahrung, wie viel wertvolle Zeit Sie darauf verwenden müssen, Ihre Kontrahenten vom Sägen an Ihren Stuhlbeinen abzuhalten; wie viele Entscheidungen nicht sachlich begründet, sondern nur deshalb getroffen werden, weil die einen Führungsschweinehunde den anderen eins auszuwischen wollen; wie viele Manager in den Machtspielen der Schweinehunde schlicht verschlissen werden, und dass es äußerst schwierig ist, sich aus diesen alltäglichen Spielen herauszuhalten, ohne im Abseits zu landen.

Und das sind die Lieblingssätze der machthungrigen Schweinehunde, die Führungskräften der mittleren Ebene genau so treu zu Füßen sitzen wie Vorstandsmitgliedern:

- »Wir werden ja sehen, wer hier gewinnt!«
- »Dem wische ich eins aus!«
- »Mal schauen, wer von uns den längeren Atem hat!«
- »So leicht haust du mich nicht übers Ohr!«
- »Ich werde mich rächen!«

Wursteln statt Wirken

In jeder Branche, in beinahe jedem größeren Unternehmen kommt es vor: Fähige Fachkräfte werden in die Rolle der Führungskraft

befördert – und fühlen sich mit der neuen Aufgabe nicht wohl. Das gleiche Phänomen taucht bei Spezialisten auf, die sich mit einem eigenen Unternehmen selbstständig machen und plötzlich hundert Mitarbeiter zu führen haben – obwohl sie viel lieber an ihrer kleinen Werkbank tüfteln. Ja, sie hatten es sich gewünscht: Personalverantwortung, ein eigenes Budget, ein besseres Gehalt. Doch der innere Schweinehund macht ihnen einen Strich durch die Rechnung.

Gern setzen die kleinen Saboteure dieser Führungskräfte ihren Herrchen Scheuklappen auf, sodass diese ihre neuen Aufgaben überhaupt nicht sehen können: übergeordnete Ziele in den Blick zu nehmen, Mitarbeiter zu einem schlagkräftigen Team zu formen, Aufgaben zu delegieren, Leistungen zu fordern und zu kontrollieren. So programmieren oder redigieren sie weiter, sie akquirieren oder operieren, geben ihre Fachaufgaben nicht aus der Hand.

Das Problem ist das Beharrungsvermögen des Expertenschweinehunds. Er hängt so sehr an seinem früheren Job (schließlich galt er als hervorragender Fachmann!), dass er überhaupt keine Lust verspürt, sich in einen Führungsschweinehund zu verwandeln.

Er argumentiert zumeist wie folgt:

- »Als Führungskraft muss ich ein besserer Fachmann sein als meine Mitarbeiter.«
- »Mein Fachwissen muss immer auf dem neuesten Stand sein.«
- »Ich bin als Erster unter Gleichen ein Vorbild für das ganze Team.«
- »Meine Arbeit als Experte soll den Mitarbeitern ein Beispiel sein.«
- »Jetzt schließe ich erst einmal mein Projekt ab, dann spiele ich mal wieder ein bisschen Chef.«

Führen ohne Befugnis

Über ein Organigramm verfügt fast jedes Unternehmen. Theoretisch sind die Wege der Führung also klar vorgezeichnet – faktisch findet Führung nach Plan aber immer seltener statt. Dafür gibt es zwei Gründe: Zum einen arbeiten immer mehr Projektgruppen, deren Mitglieder aus verschiedenen Abteilungen zusammengetrommelt werden. Und zum anderen kooperieren immer mehr Unternehmen mit

einer Vielzahl von Zulieferern und Entwicklungspartnern. Für beide Fälle gilt: Hier stehen sich Manager und Mitarbeiter gleicher Hierarchiestufen gegenüber – und niemand hat offiziell das Sagen. (Diese Situation entsteht heute so häufig, dass dafür eigens der Begriff »Laterale Führung« geprägt und dies zum Thema für Forscher, Autoren und Seminaranbieter wurde.)

Das sind ideale Rahmenbedingungen für kleine Saboteure: In einem neu zusammengesetzten Team können sie erst einmal viel Zeit damit verplempern, die interne Hackordnung auszukämpfen. Dann bietet es sich an, sich gegenseitig in Grundsatzdiskussionen zu zerfleischen: Ist die perfekte technische Lösung wichtiger (das findet der Entwickler) oder die pünktliche Lieferung (so der Standpunkt des

Verkäufers)? Was beeindruckt die Geschäftsführung, und was ist gut für das Projekt? Welches Wissen geben wir preis – und was behalten wir lieber für uns? Wenn die Schweinehunde schließlich Arbeit verschleppen (vielleicht sogar verweigern), drohen keine direkten Konsequenzen für die Karriere.

Probleme zwischen in- und externen Managern tauchen vor allem in Branchen wie der Automobilindustrie auf, wo viele Unternehmen mit einer sehr geringen Fertigungstiefe arbeiten und deshalb auf eine enge Entwicklungspartnerschaft mit Zulieferern angewiesen sind. Rangeleien innerhalb interner Projekte entstehen überall dort, wo man sich für diese Arbeitsweise entscheidet.

Mit diesen Bemerkungen bringen die inneren Führungsschweinehunde Projekte zu Fall:

- »Ich habe das Problem erkannt und ich habe die richtige Lösung – die Kollegen aus den anderen Abteilungen haben einfach keine Ahnung.«
- »Dieses Projekt bringt nur zusätzliche Arbeit, aber keinen zusätzlichen Ertrag. Ich reibe mich hier nicht auf!«

- »Der will Projektleiter sein? Da kann ich ja nur lachen!«
- »Ich verstehe einfach nicht, wie der Zulieferer denkt. Es ist mir auch egal.«
- »Wenn mir hier irgendjemand Termine aufs Auge drücken will, streike ich.«

Fürstentümer

In traditionsreichen, großen Unternehmen existieren oft gar keine Abteilungen – sondern

vielmehr Fürstentümer. »Schon immer« erfreuen sich diese oder jene Abteilungsleiter gewisser Privilegien; »noch nie« haben fürstliche Mitarbeiter andere Aufgaben erledigt oder Aufgaben anders erledigt. Häufig sind Prozesse und Budgets in solchen Unternehmen nicht gerade nach den Regeln der Logik verteilt. Warum?

Generationen von Führungsschweinehunden haben alles darangesetzt, sich hier ein wohliges Zuhause zu schaffen. Ihre Herrchen arbeiten zwar hart daran, eine offene und transparente Führungskultur durchzusetzen, in der sich Leistung lohnt – doch ihre inneren

Schweinehunde pflegen munter die alten Traditionen. Warum auch sollten sie das aufgeben, was sie sich in jahrelanger Arbeit aufgebaut haben: persönliche Besitzstände und Vorrechte, ungeschriebene Gesetze, die nur für sie gelten, und Informationsquellen, die nur für sie sprudeln?

Um die Grenzen ihrer Fürstentümer zu verteidigen, greifen Führungsschweinehunde gelegentlich zu so knallharter Sabotage, dass sich ihre eigenen Herrchen verwundert die Augen reiben: »Ein anderer bekam den schattigen Parkplatz? Der kann von uns jetzt keine Informationen mehr erwarten!« »Manager Müller will eine neue Sekretärin? Dann schieben wir ihm doch eine Dame zu, mit der er garantiert nicht zurechtkommt!« »Unsere Abteilung soll zusätzliche Aufgaben übernehmen? Ja, wo kommen wir denn da hin!«

Die fürstlichen Schweinehunde schmücken sich mit folgenden Ausführungen:

- »Wer hier etwas werden will, muss sich zuerst beliebt machen.«
- »Eindringlinge werden gnadenlos vernichtet.«

- »Sie meinen, Sie wüssten etwas besser als wir? Dann lernen Sie uns jetzt von einer anderen Seite kennen.«
- »Wer eine Intrige plant, muss mit Rache rechnen.«
- »Die Abteilung bin ich. An mir kommt niemand vorbei.«

Jetzt haben Sie verschiedene Schweinehund-Typen, ihre besten Tricks und Taktiken sowie ihre beliebtesten Tummelplätze kennen gelernt. Lassen Sie uns nun schauen, wie Sie die Führungsschweinehunde in Ihrem Unternehmen bändigen können. Dazu haben wir ein Set mit strategischem Rüstzeug für Sie zusammengestellt; wir sagen Ihnen, wie Sie sich vor den sieben typischen Sabotagefallen in Sicherheit bringen können, und zeigen Ihnen, wie Ihre Führung dauerhaft schweinehundsicher wird.

Teil III
Strategien im Umgang mit dem inneren Schweinehund

Sie haben jetzt verschiedene Führungsschweinehunde-Typen kennen gelernt und erfahren, wo sie sich gerne tummeln. Haben Sie in dem einen oder anderen Ihren eigenen Schweinehund wiedererkannt? Haben Sie sich an Situationen erinnert, die Ihnen so oder so ähnlich auch schon passiert sind? Vielleicht dachten Sie: »Ja, genauso ist das auch bei uns. Und damit ist jetzt Schluss!« Möglicherweise sind Sie aber auch skeptisch geworden: »Ist es nicht zu einfach, alle Führungsprobleme irgendwelchen ›inneren Schweinehunden‹ in die Schuhe zu schieben?«

Das Bild des inneren Schweinehundes mag zwar einfach sein, aber es ist enorm hilfreich. Es verkörpert alle Impulse, die Sie, Ihre Kollegen und Ihre Mitarbeiter zwar gerne kontrol-

lieren würden, die aber schwer zu kontrollieren sind; Impulse, über die man nicht gerne und vor allem nicht gerne offen spricht. Je nach Naturell handelt es sich um ganz unterschiedliche Triebe: Lust an der Macht oder Lust auf Faulheit; das Verlangen, anderen zu gefallen oder anderen eins auszuwischen; der Wunsch, sich durch besondere Leistung oder besondere Widerborstigkeit hervorzutun. Keiner der Impulse ist an sich »negativ«, sondern dient immer dazu, Ihr Wohlgefühl zu steigern. Da sie aber ohne Kontrolle der Ratio losschießen, kommt es zumeist zu Kolateralschäden. Stellen Sie sich solche Impulse vor als einen »Teil von jener Kraft, die stets das Gute will und stets das Böse schafft«. (Goethe wird uns diese kleine Variation des Mephisto-Zitats sicherlich verzeihen.)

Wenn Sie sich diesen impulsiven und sehr menschlichen Teil einer Person als seinen »inneren Schweinehund« vorstellen, können Sie viel gelassener mit den Grillen von Mitarbeitern, Führungskräften und Ihren eigenen Eigenheiten – pardon: mit denen Ihres merkwürdigen Begleiters – umgehen. Sie können sich in Ruhe anschauen, warum er so sonderbare Verhaltensweisen vorschlägt. Sie können Kontakt zu ihm aufnehmen und vielleicht sogar Freundschaft mit ihm schließen. Das bringt Sie viel weiter als alle Versuche, den Schweinehund irgendwie »überwinden« oder in das stahlharte Gehäuse der Disziplin zwingen zu wollen. Denn darin, da können Sie sicher sein, tobt er umso wilder und nutzt jede Gelegenheit, »die Sau rauszulassen«.

Lassen Sie uns also lernen, mit unserem raubeinigen Begleiter zu leben. Mehr noch: Machen wir unseren inneren Schweinehund zu unserem persönlichen Management-Berater! Das heißt erstens: Akzeptieren wir, dass er da ist und verstehen wir, welche Ziele er für uns verfolgt. Zweitens: Planen wir unsere Vorhaben in Kooperation mit ihm. Und drittens: Verwirklichen wir diese Pläne, ohne dass er uns dabei ins Handwerk pfuscht.

Strategisches Rüstzeug in drei Schritten

Der innere Schweinehund möchte, dass wir uns als Führungskraft gut fühlen. Je nach Veranlagung heißt das für ihn: Leistung zu for-

dern und vorzuleben – oder nicht zu hart arbeiten. Ein Team zu formen, in dem alles reibungslos funktioniert – oder eines, das sich durch besondere Kreativität hervortut. Kommen wir von den Zielen ab, die der innere Schweinehund für uns verfolgt, dann stellt er sich auf seine Hinterbeine und sabotiert uns so lange, bis wir wieder nach seinen Vorstellungen führen.

1. Erkennen Sie die positiven Absichten des Schweinehunds

Margarete Montag ist Vertriebsleiterin eines mittelständischen Maschinenbauunternehmens, das die Nahrungsmittelindustrie weltweit mit Maschinenteilen, Werkzeugen, Ersatzteilen und Zubehör beliefert. Im Geschäftsalltag bedeutet das: Jeden Tag gehen Bestellungen internationaler Unternehmen ein, die bestellte Ware muss verpackt und mithilfe diverser Speditionen möglichst rasch ausgeliefert werden.

Die Vertriebschefin hat Petra Pauly eingestellt, die den reibungslosen Ablauf des Verpackens und Auslieferns garantieren soll.

Außerdem ist sie für die Ausstellung der erforderlichen Zollerklärungen zuständig. Doch es läuft alles andere als rund. Regelmäßig packt Pauly falsche Geräte ein, zu wenig oder zu viel Zubehör, legt fehlerhafte Rechnungen bei und füllt die Unterlagen für den Zoll nur unvollständig aus. Oft schleichen sich auch Fehler auf ihre Adressaufkleber. »Ich kann mir das gar nicht erklären«, sagt Petra Pauly unschuldig. »Ich habe mir doch solche Mühe gegeben.«

Die Lage spitzt sich zu. Immer mehr Kunden rufen zornig an, weil sie mit der gelieferten Ware nicht arbeiten können und um ihre Produktion fürchten. Die Rücksendung und Neuzustellung rund um die halbe Welt kostet Zeit, und die ist teuer.

Margarete Montag ist sauer. Sie überwacht alles, was ihre Mitarbeiterin tut, um Fehler möglichst sofort zu verhindern. Das senkt Petra Paulys Motivation unter den Nullpunkt. Unter den Argusaugen der Chefin macht sie immer mehr Fehler – allein deshalb, weil diese es zu erwarten scheint. Sie versteht die Welt nicht mehr, meldet sich immer öfter krank. »Diese Mitarbeiterin ruiniert uns noch das

ganze Unternehmen, wenn das so weitergeht«, schimpft der Führungsschweinehund. »Wir müssen uns wohl von ihr trennen!« Doch dann tut Montag dieser Gedanke schon wieder leid. Ist sie vielleicht zu ungeduldig mit Pauly? Sollte sie ihr nicht noch eine Chance geben? Vielleicht hilft ein ausführliches Mitarbeitergespräch?

Jeden Tag knurren die inneren Schweinehunde der Führungskräfte und Mitarbeiter einander böse an. Jeden Tag schwören sich die Führungsschweinehunde, sich das ungebührliche Verhalten der Mitarbeiter nicht länger bieten zu lassen. Und deren Schweinehunde stellen die Nackenborsten auf und grunzen böse zurück: »Ich lasse mich doch nicht behandeln wie ein unselbstständiges Kind! Soll die Chefin ihren Kram doch alleine machen!« Manchmal versuchen ihre Herrchen, sich zusammenzuraufen und ihre wilden Begleiter an die kurze Leine zu nehmen. Vielleicht besuchen sie Seminare oder buchen sogar einen Coach. Häufig aber treiben die kleinen Schweinehunde einfach weiter ihr Unwesen, ohne sich von derartigen Anstrengungen beeindrucken zu lassen.

Hier spricht der Schweinehund

Bitte, hören Sie auf, mich zu bekämpfen! Solange Sie das tun, bekämpfen Sie einen Teil von sich selbst – und das kann nicht gut gehen. Hören Sie mir stattdessen ruhig einmal zu. Ich sorge dafür, dass Sie sich als Führungskraft wohl fühlen. Ich warne Sie rechtzeitig, wenn Mitarbeiter Ihnen auf der Nase herumzutanzen beginnen, oder wenn sie faul und unzuverlässig werden. Ich helfe Ihnen dabei, Ihr Unternehmen in ruhigem Fahrwasser zu halten!

Wenn Sie einen offenen und transparenten Führungsstil anstreben, wenn Sie Ihre Mitarbeiter fördern und Ziele mit ihnen vereinbaren, wenn Sie für eine gerechte Honorierung sorgen und für gute Stimmung im Team, habe ich im Grunde gar nichts dagegen. Aber nur, wenn Sie dabei nicht selbst unter die Räder kommen!

Je nach Veranlagung Ihres inneren Schweinehundes malträtiert er verschiedene Ihrer Sinne: Er raunt Ihnen seine Botschaften ins Ohr (»Lass dir nichts gefallen!«) oder führt Ihnen

Bilder vor Augen (»Wenn diese Mitarbeiterin endlich aus dem Haus ist, dann lasse ich das Büro neu streichen und räume alles um.«). Er bereitet Ihnen Magendrücken, Ohrenrauschen oder das Gefühl, »die Nase voll« oder »einen Klotz am Bein« zu haben.

Gefühle sind viel schlauer, als man bisher dachte. Seit den 1990er Jahren weiß man, dass Emotionen kein Luxus sind und erst recht keine Störgröße, sondern eine Schutzstrategie gegen Gefahren und eine Grundlage für vernünftige Entscheidungen. Der US-amerikanische Neurologe Antonio Damasio beschreibt in seinem Buch *Descartes' Irrtum* einen Patienten, der durch eine Tumor-Operation in dem Bereich seines Gehirns geschädigt wurde, der für Empfindungen zuständig ist. Intelligenztests konnte er zwar lösen, nicht aber komplexe Projekte oder persönliche Prob-

leme bewältigen. Ohne Emotionen ist effizientes Denken nicht möglich! Wir folgern daraus: Hören Sie immer mal auf Ihren inneren Schweinehund – er ist ein schlauer Ratgeber.

Fragen Sie den inneren Schweinehund

Stellen Sie ihm doch zum Beispiel – warum nicht jetzt, wo wir gerade beim Thema sind – folgende Fragen:

1. Wie sabotierst du mich am liebsten?
2. Welcher positive Zweck steht dahinter?
3. Was könnte ich daraus lernen?

Margarate Montag könnte von ihrem Führungsschweinehund lernen, dass er einerseits das starke Bedürfnis hat, alle Vorgänge genau zu kontrollieren. Andererseits braucht sie dringend Entlastung: Sie kann nicht alle Waren selbst auf den Weg bringen, muss also einige Aufgaben aus der Hand geben. Doch wie soll das gehen, wenn die Mitarbeiterin so wenig leistungsfähig ist? Es geht. Und zwar mit Hilfe des kleinen Schweinehundes genau dieser Mitarbeiterin.

Wenn auch Sie Ihre Nöte mit schwierigen Mitarbeitern haben, dann stellen Sie sich folgende Fragen:

1. Wie ärgert mich der Mitarbeiter-Schweinehund am liebsten?
2. Was ist seine Motivation, und was will er für seinen Menschen erreichen?
3. Was lerne ich daraus?

Die Vertriebschefin denkt nach. Was weiß sie über Petra Pauly? Sie pflegt ihren Schwiegervater. Ihre Kinder sind schon aus dem Haus. Sie ist sehr kreativ und gestaltet in ihrer wenigen Freizeit kunsthandwerkliche Kostbarkeiten. Aus ihren Zeugnissen geht hervor, dass sie sich für technische und mathematische Fächer nicht besonders interessierte. »Jetzt weiß ich, wo es klemmt!«, ruft Margarete Montag aus. »Pauly hat den falschen Job!« Paulys innerer Schweinehund möchte, dass sein Frauchen unter Leute kommt und Spaß hat – schließlich ist sie zu Hause genug belastet. Zahlen und Formulare sind ihrem kleinem Begleiter ein Graus, er schwelgt lieber in Formen und Farben. Maschinenteile konnte er noch nie leiden, deshalb schmug-

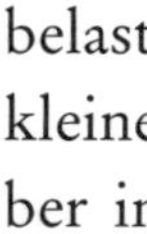

gelt er gern ein paar falsche davon mit in die Pakete.

Montag beschließt, mit ihrer Mitarbeiterin Klartext zu sprechen. Vielleicht finden sie gemeinsam einen Weg, damit Pauly ihre Begabungen und Interessen besser in ihren Job einbringen kann? Genau das geschieht: Die Mitarbeiterin ist sehr erleichtert, dass das Thema zur Sprache kommt. Sie gesteht, sich schon länger um einen neuen Job zu bemühen. Nun bekommt sie von ihrer Chefin aktive Unterstützung: Montag lässt ihre Kontakte spielen, und nach ein paar Wochen kann Pauly in der Marketingabteilung eines Geschäftspartners anfangen. Für das Maschinenbau-Unternehmen findet sich bald eine neue, zuverlässige und technisch interessierte Mitarbeiterin für den Versand.

Die Beschäftigung mit den Motiven der Schweinehunde kann Erstaunliches zutage fördern. Es muss nicht immer auf eine Trennung hinauslaufen wie in unserem Beispiel, manchmal geht es auch einfacher. Der Chef einer Autowerkstatt etwa kommt auf die Idee, dass einer seiner Mitarbeiter (mitsamt seines sehr emotional veranlagten Begleiters) viel lie-

ber mit Kollegen zusammen ist, als alleine an Elektronik- oder Motorteilen zu tüfteln. Im gemeinsamen Gespräch beschließen sie eine Qualifizierung des Technikers als Ausbilder. Anschließend übernimmt er die Verantwortung für alle Auszubildenden im Betrieb. Sowohl seine Motivation als auch die Leistungsbereitschaft der jungen Leute steigen deutlich an.

Oder: Eine (äußerst spontane) Redaktionsleiterin versteht, dass ihr Mitarbeiter (mit seinem Schweinehund, einem Vertreter der rationalen Fraktion) mit den vielen verschiedenen Einfällen seiner Vorgesetzten überhaupt nicht zurechtkommt – ja, diese sogar für irrational und launenhaft hält. Umgekehrt empfindet ihr eigener Führungsschweinehund das untergebene Borstentier als unflexiblen Bremser. So beschließen beide, dass der Mitarbeiter ein anderes Aufgabenfeld übernimmt: Ab sofort ist er allein für die Redaktion und Programmierung des neuen Online-Auftritts zuständig. Ein Bereich, den die Redaktionsleiterin wenig interessant findet, und in den sie sich nicht (oder nur wenig) einmischen wird.

Sie sehen also: Sie ersparen sich viel Ärger, wenn Sie alle Schweinehunde mit ins Boot holen. »Ja, klingt völlig logisch«, sagt Ihr Verstand. Aber Ihr innerer Schweinehund grummelt: »Wir sollen lieb gewonnene Gewohnheiten aufgeben? Wir sollen anders arbeiten als zuvor? Das sieht mir ganz nach Extra-Anstrengungen aus. Nein, da mache ich nicht mit.«

Nehmen Sie den inneren Schweinehund in die Zange

Langfristige Verhaltensänderungen sind dem inneren Schweinehund ein Graus. Deshalb ist es auch so schwierig, sich jeden Tag bewusster zu ernähren, tatsächlich jede Woche Sport zu treiben, konsequent jeden Monat eine Problemzone im Haus zu entrümpeln – oder als Führungskraft jedes Jahr ein wenig besser zu werden.

Wir haben bereits gesehen: Es nutzt nichts, unseren kleinen Saboteur unter Druck zu setzen oder zu bestechen. Dem Druck begegnet er mit Gegendruck. Ein Bestechungsgeschenk nimmt er zwar gerne entgegen, will

aber für die nächste Anstrengung ein größeres haben.

Um Ihren eigenen Führungsschweinehund in die Zange zu nehmen (ohne ihn zu kneifen!), malen Sie ihm zwei Bilder aus. Das eine zeigt farbenfroh, welchen Gewinn Sie erwarten können, wenn Sie Ihre Führung nachhaltig verbessern. Das andere skizziert, was geschieht, wenn Sie einfach so weitermachen wie bisher.

Was für Sie zutrifft, können Sie ankreuzen. Ergänzen Sie weitere Punkte, die für Sie und Ihr Unternehmen wichtig sind.

1. So sieht mein Gewinn aus, wenn ich meine Führungsfähigkeit verbessere:

- Meine Mitarbeiter werden bessere Leistungen zeigen.
- Die Mitarbeiter werden innovativer sein.
- Die Fluktuation wird zurückgehen.
- Ich werde mit meiner Rolle als Chef zufriedener sein.
- Wir werden höhere Umsätze erwirtschaften.
- ______________________________
  ____

- ______________________________
  ____
- ______________________________
  ____

2. Diese Nachteile nehme ich in Kauf, wenn ich nicht an meiner Führungsfähigkeit arbeite:

- Meine Mannschaft wird im Konkurrenzkampf nicht bestehen können.
- Das Ansehen der Abteilung im Unternehmen wird weiter sinken.
- Weitere Mitarbeiter werden uns verlassen (vor allem die Leistungsträger!).
- Durch die mangelnde Kooperation der Mitarbeiter entstehen hohe Kosten.
- Ich komme im Unternehmen nicht weiter.
- ______________________________
  ____
- ______________________________
  ____
- ______________________________
  ____

Und? Was sagt Ihr innerer Schweinehund nun? Wahrscheinlich hat er seine Schweineschnauze verzogen, als Sie ihm die Nachteile vor Augen geführt haben. Er wird also vermutlich bereit sein, sich in Bewegung zu setzen. Schließlich weiß er nun, wozu die ganze Mühe gut sein wird. Es handelt sich hier um »die Schubkraft des WWW-Prinzips«. Was soviel heißt wie:

Wirklich
Wissen
Warum

Damit Ihr Borstentier in Bewegung bleibt, brauchen Sie aber auch Spaß an der Sache selbst. Denn wenn Sie nicht nur wissen, warum bessere Führung sinnvoll ist, sondern auch, wie sie sich am einfachsten realisieren lässt, dann zieht auch Ihr innerer Schweinehund gern am gleichen Strang.

2. Schaffen Sie die Grundlagen für bessere Führung

Je genauer Sie wissen, *was* Sie mit Ihrem Unternehmen oder Ihrer Abteilung erreichen wollen, und *wie* Sie dies wollen, desto weniger Spielraum bleibt für die wilden Spiele der

Schweinehunde. Sehr ungemütlich wird es für die rauen Gesellen, wenn Sie sich Gedanken zu insgesamt sieben Punkten machen – und diese schriftlich niederlegen. Am besten möglichst kurz und bündig:

1. Vision Was ist das Ziel unseres Unternehmens?

____

____

2. Fokus Was ist das Wesentliche, auf das wir uns konzentrieren wollen?

____

____

3. Haltung Wie können wir uns in jeder Situation auf Chancen konzentrieren?

____

____

4. Gemeinschaft Wie können wir die Stärken jedes Einzelnen nutzen?

____

____

5. Regeln Nach welchen Spielregeln wollen wir miteinander umgehen, und welche Konsequenzen hat das Brechen der Spielregeln?

6. Vertrauen Wie kann ich die Mitarbeiter darin bestärken, mir zu trauen, und wie kann ich den Mitarbeitern selbst etwas zutrauen?

7. Wertschätzung Wie stellen wir sicher, dass wir die Menschen in ihrer Würde und in ihren Bedürfnissen sehen?

Wahrscheinlich hat Ihr innerer Schweinehund keine Lust dazu, jetzt Papier und Stift zur Hand zu nehmen oder den PC anzuschalten, und möchte Sie dazu verführen, einfach weiterzublättern. Versichern Sie ihm: Ihre Arbeit wird tatsächlich leichter, wenn Sie sich einmal genau überlegt

haben, *was* genau Ihr Ziel ist und *wie* Sie ihren Job machen wollen. Diskutieren Sie darüber gegebenenfalls mit Ihren Partnern, oder, wenn Sie ein Familienunternehmen führen, mit Ihrer Familie.

TKW Gebäudeservice GmbH:
»Klare Unternehmensausrichtung.«

»Die Definition, wohin ›geführt‹ wird, ist für die Grundmotivation aller Beteiligten in einem Unternehmen ausschlaggebend. Um die Unternehmensvision nachhaltig zu vermitteln, ist es sinnvoll, diese bildhaft zu visualisieren. Durch unsere Unternehmensausrichtung haben wir die richtungweisenden Kernaussagen schriftlich formuliert: Spielregeln als ›Credo‹, den Sinn unserer Aufgabe in einem ›Leitsatz‹, und den Rahmen für das Miteinander bilden unsere definierten Werte.«

Kai Kienzl,
Gründer und geschäftsführender Gesellschafter der TKW Gebäudeservice GmbH, Nauheim

Lassen Sie dabei die inneren Schweinehunde aller Beteiligten zu Wort kommen – oder an-

ders gesagt: Sprechen Sie offen über Ihre inneren Widerstände, über Ihre Bedenken und Befürchtungen. Versuchen Sie gemeinsam herauszufinden, wozu diese Widerstände gut sind: Vielleicht haben Sie unrealistische Maßstäbe gesetzt? Oder Ihre Formulierungen sind für Ihren Unternehmensalltag zu kompliziert? Arbeiten Sie solange an den Fragen, bis alle Beteiligte mitsamt ihrer ständigen Begleiter damit zufrieden sind. So schaffen Sie die Voraussetzungen dafür, dass später alle in die gleiche Richtung rudern.

Ihr konkreter Nutzen: Wenn Sie eine Orientierungsrichtung verbindlich festgelegt haben, werden Ihnen viele Ihrer täglichen Entscheidungen viel leichter fallen. Sie müssen nicht mehr alles und jedes mit dem inneren Schweinehund ausfechten: nicht mit Ihrem eigenen und auch nicht mit den Begleitern Ihrer Partner oder Kollegen.

Zur Leistung führen

Im zweiten Schritt geht es darum, auf Grundlage Ihrer Überlegungen eine Botschaft für jeden Ihrer Mitarbeiter zu formulieren. Diese

nämlich sollten die Antwort auf eine zentrale Frage kennen:

Welche Bedeutung hat meine Arbeit für die Gemeinschaft?

Der Soziologe und Autor Walter Böckmann sagt: »Wer Leistung fordert, muss Sinn bieten.« Sinn ist der Motor und das Grundprinzip der Arbeit. Stellen Sie sich einen einfachen Straßenfeger vor. Seine Arbeit ist vielleicht nicht besonders angenehm und auch nicht sehr anspruchsvoll – aber sie ist wichtig für die Gemeinschaft. Würde er sie nicht tun, versänken die Straßen im Müll, Menschen könnten sich verletzen, es wimmelte von ungebetenem Getier. Oder eine Archivarin: Es ist sehr mühevoll und langwierig, Schriftstücke oder andere Dinge zu ordnen und zu katalogisieren. Doch dies ist die Grundlage der Forschung, die für die Gemeinschaft wichtige Erkenntnisse zutage fördern kann.

Ihr *Sinnangebot* ist also die Grundlage dafür, dass Ihre Mitarbeiter überhaupt Leistungsbereitschaft entwickeln. Nun geht es darum, diese Leistungsbereitschaft zu kanalisieren. Sie haben ja schließlich nichts davon,

wenn Ihre Mannschaft nach Leibeskräften rudert, aber keine gemeinsame Richtung ansteuert.

Nehmen Sie also das Ergebnis Ihrer Überlegungen (insbesondere den ersten Punkt) und leiten Sie daraus eine *Jahreszielplanung* ab. »Oh nein!«, hören wir Ihren Schweinehund heulen, »das haben wir schon so oft gelesen und noch nie konsequent durchgeführt – das überblättern wir jetzt einfach, es geht ja auch so.« Erinnern Sie Ihren kleinen Gesellen an die positiven Konsequenzen, über die Sie sich gemeinsam freuen können, wenn Sie Ihre Führungsqualitäten noch weiter verbessern. Und dann greifen Sie gemeinsam zum Terminkalender und laden zu einem Workshop ein.

Sind Sie Inhaber oder Geschäftsführer eines Unternehmens, bitten Sie Ihre oberste Führungsriege zur gemeinsamen Strategieplanung. Regen Sie Ihre Führungskräfte in jedem Bereich an, im Vorfeld mit allen Mitarbeitern eine Zieldiskussion zu führen: Hier kann und soll jeder seine Ideen einbringen. Formulieren Sie dann im Workshop mit Ihren Führungskräften Jahresziele und ordnen Sie

diese nach Prioritäten. Wichtig: Machen Sie Ihre Pläne schweinehundsicher, indem Sie realistische, konkrete und messbare Ziele setzen! (Mehr dazu haben Sie bereits in Teil II erfahren.)

So könnten Ihre Jahreszielmarken aussehen:

- Wir erhöhen unseren Marktanteil um 15 Prozent.
- Wir erwirtschaften 20 Prozent mehr Umsatz.
- Wir relaunchen unser erfolgreichstes Produkt.
- Wir senken die Kosten um 15 Prozent.

Neben diesen quantitativ messbaren Zielmarken können Sie auch qualitative Kriterien in Ihren Katalog aufnehmen: Wie zufrieden sind Ihre Mitarbeiter? Wie zufrieden sind Ihre Kunden? Solche Fragen lassen sich heute mit den Methoden qualitativer Marktforschung beantworten.

Legen Sie jeweils fest, wer für welches Ziel verantwortlich ist, und wann es erreicht sein soll. Je mehr Mitarbeiter Sie aktiv in den Strategieprozess einbinden können, desto kleiner die Zahl der Schweinehunde, die Sie im Laufe

des Jahres mit Sabotageakten überraschen werden.

Leistung fordern

Wer gute Leistung will, muss seine Anforderungen klarmachen:

- Welche Aufgabe soll gemeistert werden?
- Welches Wissen ist dazu notwendig?
- Welche Fähigkeiten und Erfahrungen sind gefragt?

Eigentlich klingt das völlig selbstverständlich. Aber wundern Sie sich nicht auch oft, dass Mitarbeiter für Aufgaben eingesetzt werden, ohne dafür geeignet, qualifiziert oder irgendwie darauf vorbereitet worden zu sein? Manchmal scheinen sie nicht einmal über die grundlegendsten Informationen zu verfügen.

Wenn Sie Leistung fordern wollen, bedeutet Führung für Sie

- die richtige Person für die zu besetzende Position auszusuchen,
- für eine gute Einarbeitung und Information zu sorgen,

- Ergebnisse zu kontrollieren und Impulse zur Verbesserung zu geben.

Denken Sie bei der Mitarbeiterauswahl auch an die vier verschiedenen Typen, die wir Ihnen in Teil II vorgestellt haben. Es kann sich als sehr hilfreich erweisen, für jede Position im Vorfeld nicht nur eine Liste von erwünschten Qualifikationen festzulegen, sondern auch ein erwünschtes Persönlichkeitsprofil. Für Aufgaben, die ein sehr exaktes Arbeiten erfordern – etwa im Labor oder im Controlling –, definieren Sie zum Beispiel das Profil eines deutlich rationalen oder sicherheitsbedürftigen Typs. Für Positionen im Marketing, in der Entwicklung oder für Projekte, die dringend frischen Wind brauchen, eignen sich eher spontane oder emotionale Typen.

Unicum-Verlag:
»Vertrauenskultur aufbauen.«

»Führung bedeutet für mich, mit den Mitarbeitern auf Augenhöhe zu sprechen, ihnen mit Aufmerksamkeit zu begegnen und Respekt zu zeigen. Erwartungen müssen klar formuliert

werden. Das ist die Basis für eine wirkungs- und vertrauensvolle Zusammenarbeit.

Das Vermögen eines Unternehmens ist das, was die Mitarbeiter vermögen. Und es ist die ständige Aufgabe des Unternehmers, dieses ›Vermögen‹ weiterzuentwickeln. ›Fordern und Fördern‹ ist von daher die Maxime meines Handelns als Unternehmer im Umgang mit Mitarbeitern.«

Hermann-Josef Billstein,
Geschäftsführer Unicum-Verlag, Bochum

Leistung ermöglichen

Auch dies klingt selbstverständlich: Mitarbeiter sollten nicht nur wollen und können, sondern auch dürfen. Dennoch können viele fähige Mitarbeiter ihr Potenzial auf ihrem Arbeitsplatz nicht umsetzen – und sind irgendwann frustriert.

Ein Grund für diesen Missstand sind ängstliche Führungsschweinehunde, die sich vor konsequenter Delegation fürchten. Sie ertragen es noch, wenn ein Mitarbeiter eine Aufgabe übernimmt. Dass dieser darüber hinaus

auch selbstständig plant und realisiert, vielleicht sogar das betreffende Budget noch eigenständig verwaltet – das hält er überhaupt nicht aus. Deshalb funkt er ständig in das Projekt hinein, kontrolliert misstrauisch und findet gewiss den einen oder anderen Punkt, den er selbst anders gelöst hätte und den er deshalb für falsch hält. Nichts demotiviert einen Mitarbeiter gründlicher als eine solche Führung.

Allerdings gibt es auch hier Unterschiede zwischen den verschiedenen Mitarbeiter-Typen:

- Der rationale Typ braucht eine klares Ziel, Zahlen, Daten, Fakten und einen Termin. Es reicht aus, wenn Sie sein Ergebnis kontrollieren. Sollte dies von Ihren Erwartungen abweichen, wird Ihr Mitarbeiter eine logische Erklärung dafür haben.
- Sicherheitsbedürftige Mitarbeiter können sich durchaus beruhigt fühlen, wenn Sie sich immer wieder über den Stand ihres Projekts erkundigen. Sie werden alles tun, um Ihre Erwartungen zu erfüllen – deshalb brauchen Sie sich um das Ergebnis keine Sorgen zu machen.

- Emotionale Mitarbeiter suchen von sich aus Kontakt zu Ihnen, um sich zu versichern, ob die Stimmung noch stimmt. Lassen Sie sich von ihrer guten Laune nicht einlullen, sondern erkundigen Sie sich aktiv nach dem Projektfortschritt. Werfen Sie ein Auge auf das Budget und auf die Termineinhaltung!
- Haben Sie Mitarbeiter von der Spezies spontaner Typ, geben Sie ihnen am besten Aufgaben, bei denen es mehr auf gute Ideen als auf die präzise Ausführung ankommt. Lassen Sie ihnen eine möglichst lange Leine, aber behalten Sie Kosten und Termine im Blick.

Leistung entfalten

Betrachten Sie Ihr Unternehmen einmal als einen Organismus, der ständig lernt und sich ständig verändert – ganz ähnlich, wie ein menschlicher Organismus. Was müssen Sie tun, damit sich dieser Organismus weiterentwickelt? Richtig: Sie müssen für ihn sorgen, ihn aufmerksam beobachten, ihn trainieren. So ist es auch mit Ihren Mitarbeitern.

Gönnen Sie Ihren Mitarbeitern regelmäßig emotionale Zuwendungen, indem Sie Ihre Anerkennung und Wertschätzung formulieren. Und zwar nicht in Form gestelzter Allgemeinplätze (»Ich schätze den Einsatz motivierter Mitarbeiter«), sondern ganz einfach und konkret (»Herr Meyer, ich finde es großartig, wie Sie das Problem XY in den Griff bekommen haben«).

Achten Sie auch hier wieder auf eine typgerechte Ansprache: Rationale Mitarbeiter präferieren präzise Aussagen, emotionale lieben es überschwänglich, sicherheitsbedürftige suchen häufiges Lob und spontane schätzen kleine, ungewöhnliche Aufmerksamkeiten.

Materielle Zuwendungen können eine ehrliche, persönliche Anerkennung nicht ersetzen, aber durchaus ergänzen. Leistungsabhängige Vergütungen sind heute in vielen Branchen üblich – wenn dies in Ihrem Unternehmen nicht der Fall ist, prüfen Sie die Möglichkeit, gelegentlich Prämien zu gewähren.

Um die Leistung Ihrer Mitarbeiter zu entfalten, ist Training unerlässlich. »Das ist so aufwändig und so teuer«, mag Ihr Führungsschweinehund nun maulen. »Die Leute lernen

viel mehr aus Erfahrung als bei einem teuren Seminar.« Halten Sie Ihrem kostenbewussten Begleiter vor Augen, dass Erfahrungslernen ein sehr langwieriger Prozess ist, der oftmals nicht ausreichend reflektiert wird. Das heißt: Fehler werden nicht nur einmal gemacht, sondern immer wieder. Es wird nicht erkannt, wo und warum es »klemmt« – und weiter gewurstelt. Ja, die Qualifikation von Mitarbeitern kostet Geld. Aber der Schaden, den mangelhaft ausgebildete Mitarbeiter anrichten, ist noch viel größer.

Setzen Sie auf die Kraft der Vorfreude

Schweinehunde lassen sich von bunten Bildern emotional mehr mitreißen als von Zahlenkolonnen. Das geht Ihnen ja auch so: Wenn Sie Fotos mit blauem Meer, weißen Stränden, grünen Palmen und strahlendem Sonnenschein vor sich sehen, dann kommen Sie mehr in Urlaubsstimmung als beim Wälzen von Preistabellen und Flugterminen. Gönnen Sie Ihrem Führungsschweinehund also eine kleine, bunte Vorschau. Zum Beispiel so:

Stellen Sie sich Ihren nächsten (oder übernächsten) runden Geburtstag vor. Eine von Ihnen geschätzte Persönlichkeit hält eine Laudatio, in der sie Ihre herausragenden Führungsqualitäten anspricht. Halten Sie diese Rede spaßeshalber einmal selbst, oder schreiben Sie sie auf. Zum Beispiel so:

»Lieber Jubilar, meine Damen und Herren. Ich möchte heute einer ganz besonderen Führungskraft meine Glückwünsche aussprechen. Einer Führungskraft, die nicht nur von ihren Mitarbeitern sehr hoch geschätzt wird, sondern auch höchste Anerkennung unserer Kunden genießt. Beide Seiten, Mitarbeiter und Kunden, loben vor allem die Offenheit und Geradlinigkeit, mit der Sie Probleme angehen …«

Vielleicht wird Ihr Schweinehund ein wenig zaudern (»So eine Aktion ist doch peinlich, da machen wir nicht mit!«) – aber Sie werden sehen: Sie motiviert außerordentlich.

3. Setzen Sie Ihre Führungsziele um

Jetzt heißt es: Raus in die Arena! Auf dem Papier lassen sich viele Führungsgrundsätze sehr schön skizzieren, in der Praxis stolpert man dann aber doch wieder über diverse Schweinehunde.

Wenn Sie effektiver führen wollen, tasten Sie sich am besten Schritt für Schritt vor. Dabei bietet sich folgendes Vorgehen an:

Schritt 1: Information: Jahresziele kommunizieren

Sie haben Ihre Jahresziele diskutiert und dabei möglichst viele Mitarbeiter einbezogen. Nun gilt es, die von Ihnen verbindlich formulierten Ziele eindeutig zu kommunizieren. Wichtig: Informieren Sie *alle* – nicht nur die Führungskräfte. Denn sobald Sie die Mitarbeiter im Unternehmen ungleichmäßig informieren, beginnt die Gerüchteküche zu brodeln: Informieren Sie – zuerst in einer Informationsveranstaltung und dann auch in schriftlicher Form – über folgende Punkte:

- Was genau soll erreicht werden?
- Auf welchem Weg soll dieses Ziel erreicht werden?
- Wer ist für was verantwortlich?
- In welchem Zeitrahmen soll was geschehen?

Gestalten Sie die persönliche und die schriftliche Ansprache als »Portfolio«, das für alle Mitarbeiter-Typen etwas zu bieten hat: Daten und Fakten für den rationalen Typ (»Wir wollen 20 Prozent Umsatzsteigerung erreichen«), ein bisschen Nervenkitzel für den spontanen Typ (»Mit unseren Innovationen werden wir 10 Prozent Marktanteile erobern«), einen Appell an den emotionalen (»Wir wollen unsere Zusammenarbeit verbessern ...«) und an den sicherheitsbedürftigen Typ (»... und so 15 Prozent der Kosten einsparen«).

Schritt 2: Dialog: Über Leistung sprechen

Dieser Schritt erfordert Zeit, Einfühlungsvermögen und Geduld – drei Gründe, um ihn einfach auszulassen. Doch damit wäre eine große Chance vertan. Sorgen Sie also dafür,

dass mit jedem Mitarbeiter über folgende Punkte gesprochen wird:

- Welche genauen Ziele sind wann zu erreichen?
- Welche Art der Ergebniskontrolle soll durchgeführt werden?
- Was ist der übergeordnete Sinn der Aufgabe?
- Ist der Mitarbeiter in seiner Persönlichkeit für die Aufgabe geeignet?
- Verfügt er über die erforderlichen Qualifikationen und Erfahrungen?
- Stehen ihm die notwendigen Informationen zur Verfügung?
- Kann er seine Ideen einbringen?
- Trägt er die komplette Verantwortung für seine Aufgabe?
- Erhält er eine angemessene Wertschätzung?
- Wird er ausreichend weiterqualifiziert?

Schritt 3: Training: Mitarbeiter schulen

Erst das Training macht ein Team unschlagbar. Um Ihre Mitarbeiter in ein Hochleistungsteam zu verwandeln, bietet sich ein

zweiteiliges Training an: Im *ersten Teil* geht es darum, die Machenschaften der Schweinehunde im Unternehmen kennen zu lernen. Im *zweiten Teil* stehen spezifische Trainings auf dem Programm: Diese können auf das Fachwissen der Teilnehmer zielen oder auf die Entwicklung ihrer persönlichen Kompetenzen.

Schritt 4: Erfolge messen und Herausforderungen steigern

Sie haben informiert, miteinander gesprochen und trainiert? Sie sind ins kalte Wasser gesprungen? Herzlichen Glückwunsch. Damit Sie und Ihre Mitarbeiter jetzt durchhalten, kommt es darauf an, dass Sie regelmäßig Zwischenergebnisse ausrufen. Die ungemein motivierende Wirkung kennen Sie aus jeder Sportart, bei der es ums Durchhalten geht.

Aber Vorsicht. Legen Sie jetzt bloß nicht die Füße hoch, sondern legen Sie die Latte höher! Nur, wenn Sie und Ihre Mitarbeiter ständig ein wenig herausgefordert werden, bleiben Sie gut. Wenn nicht, übernehmen die Schweinehunde schnell wieder das Steuer, und

Sie kommen nach kurzer Zeit wieder da an, wo Sie einmal mühsam losgerudert sind.

Sieben Sabotage-Fallen und wie Sie sich am besten dagegen schützen

Im Geschäftsalltag stellt Ihr innerer Schweinehund Sie immer wieder vor schwierige Situationen. Und wenn Sie nicht aufpassen, stolpern Sie ganz schnell in solche Schweinehund-Fallen hinein. Im Folgenden nehmen wir sieben typische Situationen unter die Lupe. (Der »geläuterte« Schweinehund aus dem einleitenden Kapitel war so freundlich, uns dazu ein paar Insider-Informationen zuzustecken …).

1. Leistung ignorieren

Der Abteilungsleiter im Verlag ist zufrieden: Einige seiner Ressorts laufen so gut, dass er sich überhaupt nicht darum zu kümmern braucht. Darunter eine Fachzeitschrift, die zwar auf eine sehr enge Zielgruppe zugeschnitten und deshalb nicht besonders be-

kannt ist, aber über Jahre konstant gute Ergebnisse bringt. Die Ressortleiterin ist eine etwas eigensinnige Dame, mit der er persönlich nicht gut zurechtkommt, aber sie macht ihren Job gut. Er lässt sie »an der langen Leine« laufen und pflegt wenig persönlichen Kontakt, um Konflikte von vornherein zu verhindern.

Doch plötzlich kündigt die Ressortleiterin. Der Abteilungschef bittet sie zu einem persönlichen Gespräch. Als endlich ein gemeinsamer Termin gefunden ist, sieht er sich einer völlig verbitterten Mitarbeiterin gegenüber: »Seit Jahren ignorieren Sie meine Leistung«, klagt sie. »Ich bringe gute Ergebnisse, doch andere werden befördert. Ich halte das Objekt auch in schwierigen Phasen über Wasser, aber andere bekommen zusätzliche Mitarbeiter. Sie haben sich all die Jahre überhaupt nicht für meine Arbeit interessiert. Sie haben nie auch nur ein Wort der Anerkennung ausgesprochen. Sie waren so gut wie nie für mich zu sprechen. Jetzt reicht es mir.« Der Chef fällt aus allen Wolken: »Ich dachte, Sie brauchen meine Unterstützung nicht.«

Um auffällige Kinder kümmert man sich, die anderen laufen von allein. Dieser Irrtum

der Kindererziehung erweist sich auch im Unternehmen als fatal. Jede Mitarbeiterin und jeder Mitarbeiter braucht Anerkennung, ganz gleich, in welchem Projekt er arbeitet, wie leistungsstark er ist und zu welchem Typ er zählt.

Insbesondere rationale und sicherheitsbedürftige Führungsschweinehunde schlagen gerne einen großen Bogen um Mitarbeiter, die sie als sprunghaft oder sehr gefühlsbetont erleben. Die Konfrontation mit einem fremden Naturell ist ihnen einfach zu anstrengend! (Umgekehrt gilt das Gleiche: Spontane und emotionale Führungsschweinehunde gehen rationalen oder sicherheitsbedürftigen Mitarbeitertypen lieber aus dem Weg.)

Doch das rächt sich. Das gilt insbesondere dann, wenn sich die Schweinehunde der Mitarbeiter ungerecht behandelt fühlen: »Andere bekommen, was ich selbst verdient hätte, weil sie sich in den Vordergrund spielen«, heißt es dann. Oder: »Andere bekommen mehr Gehalt und können sich etwas leisten, ohne etwas geleistet zu haben!«

Es geht nicht darum, dass Sie jeden Ihrer Mitarbeiter genau gleich behandeln. Dies wäre ein falsch verstandenes Prinzip der Gerechtigkeit, mit dem Sie Ihrer Mannschaft auch nicht gerecht werden. Aber agieren Sie mit Fingerspitzengefühl – auch bei scheinbaren Kleinigkeiten: Geben Sie nicht demjenigen den begehrten, schattigen Parkplatz, der am lautesten »Hier!« schreit. Entlohnen Sie Mitarbeiterinnen und Mitarbeiter, die die gleiche Arbeit leisten, nicht deutlich unterschiedlich. Räumen Sie jedem eine angemessene Zeit für Gespräche mit Ihnen ein – auch wenn Sie diesen vielleicht lieber mögen als jenen. Schaffen Sie mit jedem klare Absprachen und halten Sie sich daran – auch wenn Ihr Führungsschweinehund an seiner Leine zerrt. Einzelne Mitarbeiter-Schweinehunde spielen sich zwar gerne auf und versuchen, ihre Kollegen auszustechen. Im Grunde aber honorieren alle Ihre Klarheit, Unbestechlichkeit und Ihren Sinn für Gerechtigkeit.

2. Ziellos führen

Der Sektionschef eines Softwareunternehmens stellt einen IT-Experten für ein Sonderprojekt ein. Kurz nach dessen Eintritt in die

Firma wird das Budget gestrichen – das Projekt fällt flach, der Experte hat nichts zu tun. Hoch bezahlt und ohne Aufgabe langweilt er sich eine Weile, er schickt spaßige E-Mails an seine Freunde, doch seine Laune sinkt. »Erst kaufen sie mich teuer ein, dann lassen sie mich links liegen«, schimpft sein Schweinehund. Er beschließt, sich woanders zu bewerben, und zugleich sinnt er auf Rache …

Es klingt absurd, aber es kommt häufiger vor, als man zunächst denkt: Mitarbeiter werden eingestellt, ohne dass es eine Aufgabe für sie gibt. Mitarbeiterinnen kommen aus der Elternzeit zurück, finden zwar ihren Schreibtisch wieder vor, nicht aber ihre Aufgaben. Mittelmanager werden aus dem Arbeitsprozess herausorganisiert und kaltgestellt. »Solche Leute können sich doch freuen: Sie bekommen Geld, brauchen aber nichts zu tun«, mag Ihr Führungsschweinehund nun einwenden. Aber das wäre zu einfach.

Tatsächlich entwickeln Mitarbeiter-Schweinehunde ein gefährliches Sabotagepotenzial, wenn sie nicht angemessen beschäftigt werden. Ihre Rache kann sich auf die direkte

(Be-)Schädigung ihres Unternehmens richten, vielleicht lassen sie aber auch einfach keine Möglichkeit aus, schlecht über die Firma zu sprechen (oder zu schreiben).

Wenn Ihr Führungsschweinehund – warum auch immer – einen Mitarbeiter »hinausekeln« will, indem er ihm die Aufgabe entzieht, dann halten Sie ihm immer das Ausmaß des Schadens vor Augen, der auf diese Weise entstehen kann.

3. Lieber alles selbst machen

»Bevor ich dieser langsamen Person erkläre, wie sie den Antrag schreiben soll, mache ich das lieber selbst«, sagt die Leiterin eines wissenschaftlichen Projekts an einer Universität. Weil sie gleichzeitig Seminare vorbereiten, Diplomarbeiten betreuen und Sprechstunden abhalten muss, sitzt sie oft bis in die späten Abendstunden an ihrer Arbeit. »Es geht eben nicht anders«, raunt ihr Führungsschweinehund, der vor ihren langen Bücherregalen unruhig hin und her hastet. »Sie traut mir aber auch gar nichts zu«, ärgert sich der Schweinehund ihrer Mitarbeiterin und lässt

eine wichtige Information in den Papierkorb gleiten.

Führungskräfte stecken oft in dem Dilemma: Delegieren oder doch lieber selbst erledigen? Die Delegation erscheint ihrem Schweinehund oft zu mühsam: Anweisungen geben, Rahmenbedingungen klären, Fortschritte kontrollieren und später gegebenenfalls das Ergebnis korrigieren – dauert das nicht alles viel zu lange?

Ja. Möglicherweise dauert es zunächst länger, als wenn Sie es allein erledigen. Und wahrscheinlich erhalten Sie ein Ergebnis, das etwas von dem abweicht, das Sie erzielt hätten. Aber je häufiger Sie Ihren Mitarbeitern Arbeiten übertragen, desto routinierter werden diese sie erledigen, und desto mehr werden ihre Leistungsfähigkeit und ihre Motivation steigen. Das Ergebnis ist eine Mannschaft, die sehr viel innovativer und leistungsfähiger ist, als Sie es allein jemals sein könnten. (Kein Wunder, dass Ihr Führungsschweinehund das nur schwer ertragen kann ...)

Advanced UniByte:
»Konsequent delegieren.«

»Einer der wichtigsten Punkte in der Führung von Mitarbeitern ist für mich, Aufgaben und Verantwortung zu delegieren, auch wenn es anfangs ein etwas komisches Gefühl ist, nicht mehr selbst alle Zügel direkt in der Hand zu haben. Ich habe gelernt, wirksam zu delegieren sowie die Energie regelmäßiger Mitarbeitergespräche zu nutzen. Wichtigste Einsicht war jedoch, dass man als Unternehmer besser *am* als *im* Unternehmen arbeiten sollte.«

Sandro Walker,
Geschäftsführer Advanced UniByte, Reutlingen

4. Keinen Spielraum gewähren

»Meine Mitarbeiter sind einfach unfähig«, findet der Entwicklungschef. »Ich muss alles kontrollieren, und die meisten Ergebnisse taugen nichts!« Immer wieder vergibt er Projektaufträge an ausgewählte Mitarbeiter und sieht sich nach kurzer Zeit gezwungen, ihnen die Aufgaben wieder abzunehmen: »Die

Leute bringen es einfach nicht«, ist sein Führungsschweinehund verzweifelt. Ich weiß nicht, was ich noch tun soll …« Zum Glück kündigen die meisten von selbst.

Wer nicht vertraut, kann auch nicht führen. Deshalb haben es Führungskräfte mit besonders misstrauischen Schweinehunden besonders schwer. Sie trauen den Mitarbeitern nichts zu. Und sie versuchen, ihr fehlendes Vertrauen durch eine lange Liste von Anweisungen und durch strenge Kontrollen zu ersetzen. Das funktioniert genauso wenig wie das Ersetzen der Führung durch Management.

Sicherheitsbedürftige Mitarbeiter »ertragen« eine stark kontrollierende Führung noch am ehesten; rationale Typen versuchen, sich die Anweisungen und Kontrollgänge rational zu erklären, und halten es auch eine Weile aus. Anders aber emotionale und spontane Typen: Sie werfen schnell das Handtuch und suchen sich einen anderen Arbeitsplatz. Lassen Sie Ihren Führungsschweinehund doch einmal ausrechnen, was das kostet.

5. Leistung fordern, aber selbst keine zeigen

Der Chef ist weg. Seine Mitarbeiterin schaut in den elektronischen Terminkalender: »Meeting in Berlin«, das ist dort eingetragen. Aber wurde das Meeting nicht kurzfristig abgesagt? »Es ist doch nicht zu fassen«, ärgert sie sich. »Wahrscheinlich macht sich der Chef heute einen schönen Tag zu Hause, während alle glauben, er arbeite in Berlin!« Ihre Motivation sinkt. Warum soll sie sich in ihrem Job anstrengen, wenn ihr Boss es heute offensichtlich nicht für nötig hält, irgendetwas zu leisten?

Als Abteilungschef und mehr noch als Unternehmer haben Sie selbstverständlich die Freiheit, auch mal eine ruhige Kugel zu schieben. Sie haben es weit gebracht, nun dürfen Sie sich auch mal ausruhen und Ihre Mitarbeiter arbeiten lassen. Aber unterschätzen Sie nicht deren innere Schweinehunde! Diese mögen es gar nicht, wenn ihr Herrchen Leistung verlangt und selbst nicht willens ist, Leistung zu bringen. Das gilt vor allem in schwierigen Projektphasen.

Sicherheitsbedürftige Mitarbeiter fühlen sich womöglich hilflos, emotionale Typen al-

leingelassen, wenn Sie häufig durch Abwesenheit glänzen. Spontane Typen lassen vielleicht spontan den Hammer fallen, während rationale Typen ganz kalt kalkulieren: »Wenn der Chef jeden Tag erst um zehn Uhr kommt, dann treffe ich frühestens zehn Minuten vor ihm ein.«

Also: Lassen Sie sich durch Ihren Führungsschweinehund nicht verführen, sich auf die faule Haut zu legen. Als Führungskraft sind und bleiben Sie immer auch Vorbild.

6. Mach zu die Tür

Die Tür ist zu. »Ist der Chef da?« Die Sekretärin zuckt mit den Achseln. Seit Tagen

schon vergräbt er sich hinter seinem Schreibtisch und ist für niemanden zu sprechen. Niemand weiß genau, was er da drinnen eigentlich tut: Liest er Zeitung? Arbeitet er irgendetwas? Oder sitzt er einfach nur da?

Führungsschweinehunde im mittleren Management haben es besonders schwer: Ständig klopfen Mitarbeiter an die Tür, die Kollegen

aus anderen Bereichen kommen mit ihren Ansprüchen und Fragen (und drohen mit Sabotageakten), gleichzeitig muss die Leistung der eigenen Abteilung gegenüber der oberen Führungsetage präsentiert und verteidigt werden. Da ist der Wunsch nur zu verständlich, sich hinter der verschlossenen Bürotür zu verschanzen.

Wenn Sie sich als Führungskraft um einen offenen Dialog mit Ihren Mitarbeitern bemühen, machen Sie sich – so würde es Ihr Schweinehund formulieren – angreifbar. Denn wirksame Führung ist offen für die Meinung des Gegenübers und bereit, die eigene Position infrage zu stellen. Reinhard K. Sprenger hat einen »echten Dialog« so beschrieben: »Wenn Sie aus dem Gespräch anders herauskommen, als Sie hineingingen.« Ihr Schweinehund wird es vermutlich viel einfacher finden, den eigenen Standpunkt und seine altbewährten (Vor-) Urteile zu bewahren.

Doch übersieht er dabei, dass ihm eine Menge Potenzial durch die Pfoten gleitet: die guten Ideen Ihrer Mitarbeiter (denken Sie an die spontanen Typen in Ihrem Team), die begründeten Bedenken (vor allem die der si-

cherheitsbedürftigen Typen), die Optimierungsvorschläge (der rationalen Typen) und die Rückmeldungen über die Stimmung im Team oder auf Kundenseite (die Sie vor allem von Ihren emotionalen Mitarbeitern bekommen).

Lassen Sie dieses Potenzial nicht ungenutzt. Öffnen Sie Ihre Tür, spitzen Sie zusammen mit Ihrem Führungsschweinehund die Ohren, fragen Sie nach, wiederholen Sie zentrale Aussagen mit Ihren eigenen Worten (so überlisten Sie Ihren Führungsschweinehund, wenn er ständig dazwischengrunzt), und holen Sie erst zur Gegenrede aus, wenn Sie das Anliegen Ihres Gegenübers verstanden haben.

7. Mitarbeiter nach Gefühl einstellen

Der Kandidat wirkt sympathisch: Er kommt aus einer ähnlichen Gegend wie der Personalchef, entstammt dem gutbürgerlichen Milieu, zeigt einen geschmackvollen Kleidungsstil (der dem des Personalchefs nicht unähnlich ist), hat Sinn für Zahlen und Daten, und bringt auch noch gute Zeugnisse mit. Der

Schweinehund des Personalers ist zufrieden: »Noch jemand, der gut in die Mannschaft passt!«

Doch dem Unternehmen geht es nicht gut: Es fehlen die Ideen, und es fehlen Umsetzer, die die Ärmel hochkrempeln und auch einmal unangenehme Entscheidungen treffen. Der Grund ist das Einstellungskriterium der »Selbstähnlichkeit«, das der Personalschweinehund immer wieder durchsetzt. So gibt es viel zu viele rationale Typen im Unternehmen, es fehlen die Risikobereitschaft der spontanen und der soziale Kitt der emotionalen Mitarbeiter. Es mangelt auch an entschlossenen Sanierern:

Diese rekrutieren sich, das zeigen sozialwissenschaftliche Studien, vorwiegend nicht aus dem bürgerlichen Milieu, sondern aus dem Kreis der gesellschaftlichen Aufsteiger.

So machen Sie mich, den Führungs-schweinehund, zu Ihrem Freund

Besser führen – das ist machbar. Kooperieren Sie mit mir, und Sie werden sehen, dass wir das gemeinsam schaffen. Dazu muss ich nur wissen, warum sich die Anstrengung lohnen soll. Außerdem brauche ich Zeit zum Üben: Eine exzellente Führungskraft wird man nicht von heute auf morgen. Denken Sie auch daran, dass es mir außerordentlich schwer fällt, meine Gewohnheiten zu ändern.

Geben Sie eine klare Marschrichtung für Ihr Unternehmen oder Ihre Abteilung vor. Dann weiß jeder, was zu tun ist, und die Schweinehund-Kollegen der Mitarbeiter brauchen nicht bei jeder Entscheidung auf die Barrikaden zu gehen. Machen Sie Ihren Mitarbeitern klar, welche Bedeutung ihre Arbeit hat – ganz gleich, ob sie in der Registratur oder im mittleren Management arbeiten.

Sorgen Sie in Ihrem Unternehmen für eine offene und faire Unternehmenskultur. Seien Sie großzügig mit Anerkennung, das tut uns

Schweinehunden gut. Und vergeben Sie Aufgaben konsequent: Mit der gesamten Verantwortung für alle Schritte. Nur die Kontrolle führt der Führungsschweinehund selbst aus – das muss sein, und das lasse ich mir auch nicht nehmen.

Die zwölf besten Tipps im Umgang mit den inneren Schweinehunden in der Führung

1. Erkennen Sie Ihren eigenen Führungsschweinehund. Machen Sie sich bewusst, mit welchen Tricks Ihr innerer Schweinehund Ihre Führung sabotiert und was für ein Typ er ist.

2. Akzeptieren Sie den inneren Schweinehund. Wegsperren lässt er sich nicht, überwinden erst recht nicht. Nehmen Sie Ihren inneren Schweinehund (und die Ihrer Mitarbeiter) als wichtigen Teil Ihrer Persönlichkeit und Ihres Unternehmens an und würdigen Sie seine positiven Absichten.

3. Machen Sie den Führungsschweinehund zu Ihrem Berater. Ihr innerer Schweinehund kann Ihnen wertvolle Hinweise geben, wie Sie Ihre

Führung verbessern können. Wenn es Ihnen gelingt, die Absichten der Mitarbeiter-Schweinehunde zu verstehen, können Sie gezielter und effektiver führen. Sie steigern die Motivation und sparen sich eine Menge Ärger.

4. **Nehmen Sie den Schweinehund in die Zange.** Machen Sie sich klar, was genau Sie gewinnen werden, wenn Sie Ihre Führungsqualitäten verbessern. Machen Sie sich ebenso klar, was Sie verlieren, wenn Sie nichts tun.

5. **Formulieren Sie Ihre Ziele schweinehundsicher.** Legen Sie klare, messbare Ziele fest. Ohne »versuchen wollen«, Wischiwaschi-Formulierungen und überfordernde Herkulesaufgaben.

6. **Schaffen Sie leuchtende Zielbilder.** Führungsqualitäten verbessern – das ist zwar ein schönes Ziel, aber der Schweinehund kann es sich schlecht vorstellen. Malen Sie ihm so konkret und farbig wie möglich aus, was es für Sie bedeutet.

7. **Führen Sie Ihre Mitarbeiter zur Leistung.** Wählen Sie Ihr Personal sorgfältig aus, sorgen

Sie für einen guten Informationsfluss, delegieren Sie Aufgaben konsequent und schaffen Sie Spielraum. Kontrollieren Sie nur die Ergebnisse. So halten Sie die Konflikte zwischen den Schweinehunden Ihrer Mitarbeiter und Ihrem eigenen möglichst klein.

8. Trainieren Sie Ihr Team. Geben Sie Ihrem Team die Chance, die eigenen Schweinehunde kennen und mit ihnen umgehen zu lernen. Sorgen Sie für ein typgerechtes Training.

9. Sprechen Sie mit Ihrem Team. Ihre Jahresziele kommen im Dialog mit Ihrem Team viel besser an als per Hauspost. Erklären Sie im persönlichen Gespräch, warum es sich für jeden auszahlt, daran zu arbeiten. Nehmen Sie Widerstände ernst. Sie können in den Einwänden Ihrer Mitarbeiter neue Hinweise darauf finden, wie sich Ihr Ziel leichter erreichen lässt.

10. Messen Sie Ihre Zwischenergebnisse. Quantitative oder qualitative Jahresziele sind messbar. Legen Sie die Messlatte an! Klar sichtbare Fortschritte motivieren die Schweinehunde, am Ball zu bleiben.

11. Legen Sie die Latte höher. Wenn Sie Fortschritte ablesen können, legen Sie auf keinen Fall gemeinsam die Füße hoch. Im Gegenteil: Legen Sie die Latte höher, das hält die inneren Schweinehunde fit.

12. Bleiben Sie im Training. Halten Sie Ihren inneren Führungsschweinehund fit. Stellen Sie ihn regelmäßig vor neue Aufgaben. So gewinnen Sie einen treuen und zunehmend zahmen Kooperationspartner!

Literatur für Ihren Schweinehund

Bittelmeyer, Andrea: Laterale Führung: Managen ohne Weisungsbefugnis. In: ManagerSeminare, Heft 108, März 2007, S. 34–40

Conniff, Richard: Was für ein Affentheater. Wie tierische Verhaltensmuster unseren Büroalltag bestimmen. Frankfurt/New York 2006

Drucker, Peter F.: Management im 21. Jahrhundert. München 1999

Drucker, Peter F.: Was ist Management? München 2002

von Fournier, Cay: Die 10 Gebote für ein gesundes Unternehmen. Wie Sie langfristigen Erfolg schaffen. Frankfurt/New York 2005

von Fournier, Cay: Der perfekte Chef. Führung, Mitarbeiterauswahl, Motivation für den Mittelstand. Frankfurt/New York 2006

Herrmann, Ned: Das Ganzhirn-Konzept für Führungskräfte. Welcher Quadrant dominiert Sie und Ihre Organisation? Frankfurt 2002

Kramer, Roderick: The Great Intimidators. In: Harvard Business Reviews, Februar 2006, S. 88–97

Kratz, Hans-Jürgen: Delegieren – aber wie? Offenbach 1999

Malik, Fredmund: Führen, Leisten, Leben. Wirksames Management für eine neue Zeit. Frankfurt/New York 2006

Münchhausen, Marco von: So zähmen Sie Ihren inneren Schweinehund. Vom ärgsten Feind zum besten Freund. Frankfurt/New York ^{6}2006

Münchhausen, Marco von; Scherer, Hermann: Die kleinen Saboteure. So managen Sie die inneren Schweinehunde im Unternehmen. Frankfurt/New York 2003

Panse, Winfried: Kollege Angst. Interview von Nikola Sellmair. In: Stern online, 05.08.2006. (www.stern.de/wirtschaft/arbeit-karriere/567098.html?nv=cb)

Sprenger, Reinhard K.: Mythos Motivation. Wege aus einer Sackgasse. Frankfurt/New York, 2004

Sutton, Robert I.: Der Arschloch-Faktor. Vom geschickten Umgang mit Aufschneidern, Intriganten und Despoten im Unternehmen. München 2007

Werle, Klaus: Fiese Spiele. In: Manager Magazin, 6/2006, Seite 180 ff.

Zarzer, Brigitte: Nachhaltigkeit rechnet sich. In: Telepolis, 08.09.2004 (www.heise.de/tp/r4/artikel/18/18260/1.html)

Dr. Marco Freiherr von Münchhausen

ist renommierter Referent und Trainer im Bereich Persönlichkeits- und Selbstmanagement. Seine Vorträge und Seminare hält er europaweit zu folgenden Themen:

- **Work-Life-Balance**
  Wie Sie Berufs- und Privatleben in Einklang bringen
- **Motivation und Stressmanagement**
  Wie Sie Ihre Ziele effektiver und mit weniger Reibungsverlusten erreichen
- **Selbstmanagement im Alltag**
  Wie Sie Ihren inneren Schweinehund zähmen und zum Freund machen
- **Aktivierung innerer Ressourcen**
  Wie Sie Ihren inneren Akku immer wieder aufladen können

Nähere Informationen hierzu und Buchungsmöglichkeiten im Internet:

www.vonmuenchhausen.de

Marco von Münchhausen,
Sabine Hübner
Service mit dem inneren Schweinehund

2007 · 155 Seiten · Zahlreiche Illustrationen · Gebunden
ISBN 978-3-593-38282-1

»Ich glaube nicht, dass ich Ihnen da helfen kann ...«

Wann immer Kunden in Hotlines endlos hin und her verbunden oder Reklamationen abgebügelt werden, können wir sicher sein: Hier sind unsere borstigen Begleiter, die inneren Schweinehunde am Werk. Doch gemeinsam mit Dienstleistungsexpertin Sabine Hübner zeigt Marco von Münchhausen: Nur wer sich mit seinem kleinen Saboteur anfreundet, dem wird es gelingen, seine Kunden mit außergewöhnlichem Service zu überraschen und mit erstklassigem Kundendienst zufriedenzustellen!

Gerne schicken wir Ihnen unsere aktuellen Prospekte: **vertrieb@campus.de**

campus

Marco von Münchhausen,
Hermann Scherer
Verkaufen mit dem inneren Schweinehund

2007 · Ca. 168 Seiten
17 Illustrationen · Gebunden
ISBN 978-3- 593-38293-7

»Haben wir nicht. Braucht auch keiner.«

Eine Kundin betritt das Geschäft – doch der Schweinehund des Verkäufers lümmelt sich träge hinter der Kasse und raunt seinem Herrchen zu: »Die will sowieso nichts kaufen, die Mühe lohnt nicht!« Marco von Münchhausen und Hermann Scherer zeigen all denen, die tagtäglich im Verkauf zu tun haben, mit welchen Tricks und Taktiken Schweinehunde Akquisegespräche verhindern, Angebote sabotieren oder Abschlüsse torpedieren. Vor allem aber erklären sie, wie man aus den kleinen Blockierern begeisterte und engagierte Spitzenverkäufer macht!

Gerne schicken wir Ihnen unsere aktuellen Prospekte: **vertrieb@campus.de**

campus

Marco von Münchhausen
So zähmen Sie Ihren inneren Schweinehund!
Vom ärgsten Feind zum besten Freund

6. aktual. und erg. Auflage
2005 · 240 Seiten
ISBN 978-3-593-37796-4

Der Bestseller – jetzt in erweiterter Neuauflage

Wir kennen ihn alle, den inneren Schweinehund, der uns davon abhält, unangenehme Aufgaben anzupacken oder wichtige Entscheidungen zu treffen. Marco von Münchhausen verrät uns, wie man sich den ärgsten Feind zum besten Freund macht.

»In spritzig-leichter Sprache gibt Marco von Münchhausen Schützenhilfe gegen das hinterlistige Tier.«
Süddeutsche Zeitung

»Dieses Buch kann jeder von uns sehr gut brauchen!«
Cosmopolitan

Gerne schicken wir Ihnen unsere aktuellen Prospekte: **vertrieb@campus.de**

campus

Cay von Fournier
Der perfekte Chef
Führung, Mitarbeiterauswahl, Motivation für den Mittelstand

2006 · 206 Seiten
11 Abbildungen · Gebunden
ISBN 978-3-593-37961-6

Gibt es den perfekten Chef?

Niemand kann ein perfekter Chef sein. Aber es gibt Prinzipien guter Personalführung – sie sind der Schlüssel zu dauerhaftem Unternehmenserfolg. Cay von Fournier deckt die Grundsätze auf, mit denen man als Chef besser werden kann. Umfassend stellt er dar,was für die Personalführung in einem mittelgroßen Unternehmen notwendig ist. Er erläutert die Grundlagen stimmiger Führung ebenso wie das Motivationsmanagement, das Kommunikationsmanagement sowie das Team- und das Konfliktmanagement, das man beherrschen muss, um ein guter Chef sein zu können.

Gerne schicken wir Ihnen unsere aktuellen Prospekte: **vertrieb@campus.de**

campus

Cay von Fournier
Die 10 Gebote für ein gesundes Unternehmen
Wie Sie langfristigen Erfolg schaffen

2005 · 245 Seiten · Gebunden
ISBN 978-3-593-37784-1

Alles, was langfristig Erfolg schafft

Unternehmer müssen Tag für Tag ihr Schiff auf Kurs halten. Da nützen aufgeblähte Managementtheorien wenig. Darum hat Cay von Fournier kompakt zusammengefasst, was im Tagesgeschäft mittelständischer Unternehmen wirklich wichtig und praktisch ist, um dauerhaft Erfolg zu schaffen. Darunter:

• Sei kreativ! • Biete echten Nutzen! • Investiere! • Sei einfach! • Führe mit Werten!

Cay von Fournier ist bei Mittelständlern bekannt als ›Unternehmensdoktor‹. Hier führt er die 10 Gebote auf, die Firmen beachten müssen, damit sie langfristig gesund und erfolgreich bleiben.

Gerne schicken wir Ihnen unsere aktuellen Prospekte: **vertrieb@campus.de**

campus